경제발전의 훼방꾼들

경제발전의 훼방꾼들

최승노 지음

차 례

프롤로그

대한민국은 자본주의를 통해 성공한 대표적인 국가이다. 너무도 자랑스럽고 위대한 성취라서 세계가 부러워할 정도이다. 아직 가난과 억압에서 벗어나지 못한 수많은 나라의 사람들에게는 동경의 대상이기도 하다. 한반도의 역사에서 이렇게 찬란한 문명의 시기가 또 있었을까 싶다. 당당하게 소개할 수 있는 성공의 역사이다.

경제발전에는 사회간접자본, 산업기반시설이 필요하다. 도로도 있어야 하고 항만도 있어야 한다. 전기나 물도 있어야 한다. 이런 것들은 거저 주어지는 것이 아니다. 또 다양한 산업이 발전하기 위해서는 기초 원자재가 싼 가격에 공급될 수 있어야 한다. 산업혁명은 그렇게 쉬운 일이 아니다.

대한민국이 성공의 길을 가는 데 격려와 지지만 있었던 것은 아니다. 나라를 뒤흔들 정도의 정치적 반대와 난관을 뚫고 이룬 업적이다. 늘 반대의 목소리가 컸으며, 회의적 시각이 지배했다. 그 과정에서 훼방으로 얼룩진 흔적도 상처로 남았다. 그들은 왜 반대하고 나섰을까? 반대 논리를 제공했던 사람들은 정치인, 지식인, 시민단체 등 다양하다. 처음에는 단순한 우려의 목소리가 컸지만, 점차 훼방의 목소리로 바뀌었다.

경부고속도로 건설 현장에 공사를 반대한다며 드러누웠던 국회의원들이 있었다. 부자만을 위한 고속도로 건설을 반대한다는 주장이었다. 경부고속도로는 그들의 비판과는 달리 우리 산업발전의 인프라가 되었으며, 산업의 대동맥으로 경제발전에 크게 기여했다. 반대론자들 상당수는 건설 이후의 성공에 대해 어느 정도 인정하는 모습을 보였다. 바람직한 일이었다.

포항제철을 세운 것은 우리 산업사에 획기적인 사건이었다. 공업시설이라고 하기에는 보잘것없던 나라에서 일관제철소를 건설하는 것은 그야말로 무모해 보일 정도의 모험이었다. 모두가 타당성이 떨어진다고 우려했던 상황에서 기적처럼 성공을 이루고 이를 바탕으로 중공업이 꽃을 피우는 놀라운 역사가 일어난 것이다. 경제학자들, 분석가들, 정치인들의 반대는 컸다. 그런 반대가 있었기에 성공은 더욱 빛이 나는지도 모른다.

반면 훼방꾼들이 성공한 퇴보의 역사도 있다. 바로 부안방폐장 건설 실패사건이다. 현장에서 주민들을 현혹해 투쟁으로 이끈 사람들은 시민단체, 노동단체들이 중심이 된 단체연합체였다. 그들의 투쟁 뒤에는 과거와 다른 훼방의 논리가 있었다. 단순한 반대에서 벗어나 사업 자체를 무산시키는 괴력을 발휘했다.

이와 함께 경제발전을 가로막는 사건들이 뒤따랐는데 주로 환경 이슈가 주된 내용이었다. 환경 이슈는 우리 사회에 영향력이 크다. 터널이 환경에 나쁜 영향을 준다며 고속철도공사와 순환고속도로 건설 사업을 훼방 놓은 사람들은 황당한 유언비어를 퍼뜨렸다. 건설 기간은 늘어났으며 상당한 수준의 비용이 추가되었다. 결국 그 비용은 국민의 세금부담으로 전가되었다.

미국 쇠고기 수입을 반대하며 나라를 뒤흔들었던 세력들도 있었다. 무역을 통해 성장한 우리나라에서 여전히 폐쇄적 주장이 나라를 흔들 수 있었다는 점이 놀라울 정도다. 그들은 유언비어를 통해 국가의 기강을 흔들었다.

우리나라의 정체성은 자유민주주의 시장경제이다. 자본주의를 자유민주주의 시장경제 시스템으로 풀어서 설명할 수 있다. 정치적으로는 자유민주주의, 경제적으로는 시장경제가 작동하는 것이 바로 자본주의라는 뜻이다. 우리나라의 경제발전을 훼방 놓는 사람들은 반(反)자본주의의 함정에 빠진 듯하다. 자본주의는 자유민주주의와 시장경제가 함께 움직이는 체계라서 시장경제의 기반을 무력화하는 것이 자유민주주의를 공격하는 것과 동일한 효과를 갖는다. 그들은 결국 반(反)대한민국 세력이 되었다.

다른 선진국과 달리 우리 사회에서 이념의 간격은 크다. 선진국과 달리 아직도 반(反)자본주의 투쟁에 몰입된 훼방꾼들이 권력을 주도하고 있기 때문이다. 하루빨리 잘못된 투쟁논리에서 벗어나 함께 자유민주주의하에서 국민의 삶을 향상시키는 상생의 길로 나아가야 할 것이다.

인류는 시장경제를 통해 발전해 왔고 앞으로도 그럴 것이다. 자유민주주의가 더욱 성숙하려면 시장경제의 발전이 밑바탕을 이뤄야 한다. 시장경제가 증진되는 만큼 경제성장이 이루어질 수 있으며, 민주주의의 안정과 성숙이 장기적으로 지속될 수 있기 때문이다.

1부

경부고속도로와 천성산 터널

1장

경부고속도로에 반대한 사람들

하나의 장면

경부고속도로 관련 자료들을 뒤적이다 보면 눈에 띄는 사진 한 컷이 있다.

길에 드러누워 스크럼을 짠 채 하늘을 향해 삿대질을 해대며 무어라 소리치는 사람들의 모습이다. 사진을 얼핏 보면 노숙인이나 취객 같지만 사실 그들은 당시 야당 국회의원들이다. 경부고속도로 건설을 방해하기 위해 건설현장에 나와 그렇게 대자로 누워 깽판을 놓고 있었던 것이다.

그들이 하늘을 향해 삿대질하며 외친 구호는 이랬다.

"우량농지 훼손 웬 말이냐?"

"쌀도 모자라는데 웬 고속도로"

"고속도로 건설 결사반대"

경부고속도로 건설 저지를 위해 국회의원들이 길에 누워 이런 구호까지 외치고 있었다니 지금 보면 매우 놀라운 일이지만 그 당시엔 낯설지 않은 광경이었다. 당시 야당 국회의원들과 반대자들의 일상이었다.

경부고속도로의 건설은 꼭 필요했을까

지금의 시각에서 보면 경부고속도로 건설에 대해 부정적인 시선을 보낼 사람은 아무도 없다. 경부고속도로가 우리나라의 산업화·근대화 과정에서 얼마나 중요한 역할을 했고 중대한 위치를 차지하는가를 잘 알기 때문이다. 경부고속도로가 없었다면 산업화의 성공과 고도성장으로의 진입은 이루지 못했을 것이며, 우리는 여전히 가난한 후발개도국을 벗어나지 못한 채 처지를 원망하며 가난의 늪에서 허덕이고 있을지도 모를 일이다.

경부고속도로가 우리의 산업화와 근대화에 기여한 공로는 일일이 다 열거할 수 없을 정도로 많다. 완공 당시 하루 평균 9,030대 정도 차량이 이용할 정도였지만, 점차 그 수요가 폭발적으로 늘어나면서 40년 동안 교통량이 약 366배 증가했다. 지금은 필수불가결의 교통망이 되었다. 그러나 무엇보다도 경부고속도로의 가장 큰 성과는 우리나라 물류이동의 대동맥 역할을 해왔다는 점이다.

경부고속도로를 시발점으로 많은 고속도로가 건설되기 시작했고, 이들 사회간접시설은 우리의 산업화와 근대화의 기반이 되었다. 경부고속도로가 없었다면 당시 박정희 대통령이 주도했던 경제발전 전략은 성공하지 못한 채 주저앉고 말았을 것이다.

경부고속도로 건설 10년째를 맞는 1980년 7월 7일 「동아일보」는 '산업대동맥 10년'이라는 기사에서 다음과 같은 글을 싣고 있다. "건설 초기 그 타당성 여부를 두고 국내는 물론 외국기술진마저 회의를 보여 상당한 논란을 벌였으나 10년이 지난 지금 논란이 있었다는 사실조차 어색할 지경이다."

그로부터 30여 년이 넘게 지난 지금, 경부고속도로의 타당성은 거의 절대적이다. 경부고속도로 건설 당시 반대했던 김대중조차도 이후 야당총재 시절 "그 당시 내가 잘못 판단한 것 같다."고 말하기도 한 것처럼 지금은 경부고속도로의 필요성에 대하여 이의를 제기할 사람이 전무하다.

역사가 유의미하고 재미있는 것은 지금은 당연한 상식으로 받아들여지고 있는 것이 과거에도 그랬던 것은 아니라는 점이다. 누구도 미래를 정확히 예측할 수는 없다. 분명한 것은 현실에서 괴리된 가치관이나 믿음은 세상 변화가 드러나면서 그 격차에 대한 책임에 직면하게 되고 새로운 세계관을 받아들여야 한다는 것이다. 자신의 주관에 갇혀 세상사를 잘못 재단한다는 것이 얼마나 부질없는 짓인가를 보여준다.

당시 경부고속도로 건설에 대해 찬성 40%, 반대 40%, 모름 20% 등으로 찬반 여론이 팽팽하게 맞섰는데, 도로 건설에 대한 대외적인 여건도 별로 좋지 않았다. 경부고속도로 건설에 투입된 총 430여 억 원의 자금은 당시로서는 엄청난 금액으로 재정에 큰 부담이었다. 또한 세계개발은행(IBRD) 등에서는 경부축보다 서울·강릉 간 영동고속도로 건설이 타당하다는 의견을 제시하고 있었다. 이렇게 경부고속도로의 타당성이 의심받는 가운데 그 필요성도 국민의 관심을 크게 끌지 못하고 있었다.

이런 여건 속에서 경부고속도로의 건설이 신속히 추진되었다는 것은 박정희 대통령의 개인적인 신념과 의지가 강하게 작용한 덕분이었다고 해석할 수밖에 없다. 우리 국민이면 충분히 '할 수 있다.'

는 강한 신념과 한국에 대한 밝은 미래 비전이 없었다면 감히 추진하기 어려웠을 일이다.

미래는 알 수 없다. 지금 부정적인 것이라고 해서 미래에도 부정적일 것이라는 보장은 없다. 어떻게 하느냐에 따라서 여전히 부정적일 수도 있고, 긍정적인 것으로 전환될 수도 있다. 역사는 수동적으로 따라가는 것이 아니라 능동적으로 만들어가는 것이다. 더 잘살고 풍요로운 미래로 나가겠다는 리더의 강한 신념과 국민의 의지가 강하다면 역사는 얼마든지 새롭게 만들어질 수 있는 것이다. 이는 경부고속도로의 성과가 우리에게 주는 메시지라고 할 수 있다.

경제발전을 우선시해야 하는 까닭

박정희는 경제발전에 대한 확고한 신념을 실천에 옮긴 인물이다. 식민지에서 해방되고 가난을 면하지 못한 대부분의 나라가 그러하듯이 정치 시스템은 민주주의를 흉내 내고 있지만 선진국 수준의 민주주의를 실천하는 것에는 한계가 있었다. 먼저 경제발전을 이루는 것이 정치·사회 분야의 발전에 기본 바탕을 제공하는 것이라는 점은 역사적 경험이자 법칙이다. 그런 면에서 박정희의 경제발전 전략은 탁월한 선택이었다.

경부고속도로의 건설도 이 같은 선(先)경제성장 전략의 인식 틀 속에서 나온 것으로 해석할 수 있다. 민주주의 발전을 우선시하거나 모든 분야가 골고루 발전하는 경제체제의 정착이 시급하다고 보는 입장에서는 한 분야에 자원을 집중해 발전의 물꼬를 트는 방식의 건설이 달갑지 않은 일로 받아들여졌을 것이다. 당시 평등주의적 입장에 경도되어 있던 반대파들에게는 더더욱 불가한 일로 다가왔을 것이다.

비판론자들로부터 비난을 사긴 했지만 경제발전을 우선시하는 박정희의 정책은 결과론적으로 타당한 것이었다. 경부고속도로의 성과가 이를 입증한다. 오늘날 박정희 모델은 저개발 후진국들의 발전 모델로서 각광을 받고 있고, 그들에게 거의 전범(典範)과 같은 역할을 하고 있다.

사실 민주주의는 후진국에서 흉내낼 수 없는 정치체제이다. 일정 수준의 국부가 형성되지 않고서는 정착될 수 없는 정치체제인 것이다. 이는 북미나 유럽의 선진국처럼 잘사는 나라들에서나 민주주의가 제대로 작동하고 있는 이유이기도 하다. 자유민주주의가 아닌 사회민주주의나 인민민주주의 등을 지향할 때 민주주의는 자유시장경제에 적대적인 상태가 된다. 자유시장경제 정착의 발목을 잡을 수 있다는 것이다.

자유와 책임의 문제도 있다. 자유에는 책임이 따라야 한다. 다른 사람의 자유나 재산권을 침해하지 말아야 한다. 이를 법치주의라 할 수 있는데, 이는 자유민주주의의 근간이다. 자유와 방임이 혼동된다면 자유민주주의의 정착은 어려운 일이 될 것이다. 법치주의가 자리를 잡기 위해서는 상당한 경험이 축적되어야 한다.

이승만이 자유민주주의의 신봉자였음에도 그것의 정착에 어려움을 겪었던 것은 그와 같은 이유에서였을 것이다. 이런 사례는 식민지에서 해방된 수많은 나라에서 흔히 확인할 수 있다. 자유민주주의와 사회민주주의 가운데 사회민주주의에 경도되면서 쉽게 재산권을 침해하거나 개방보다는 폐쇄적 상태로 경제를 몰아감으로 해서 경제발전 전략에서 낙오한 나라는 수없이 많았다.

우리 경제는 자본주의를 통해 성공한 대표적인 국가이다. 시장경제의 요소인 재산권 보호, 개방화, 법치 증진 등에서 진전을 이룬 것이 성공의 요인이었다. 구체적인 정책을 보면, 박정희는 수출주도형 산업화정책을 내세웠다. 무역의 확대는 개방화의 한 부분이다. 이 정책이 성공하기 위해서는 무엇보다도 신속하고 원활한 물류이동이 가능해야 한다. 경부고속도로는 물류이동이 신속하면서도 원활하게 이루어지도록 만드는 첫 기반이었다. 수출주도형 공업화정책과 더 나아가 경제발전을 추진하는데 경부고속도로 건설은 그 첫걸음이었다.

그들은 왜 경부고속도로 건설을 반대했을까

당시 대학교수들을 중심으로 한 지식인 사회의 반대가 거셌다. 서울대 상대 교수들은 전원이 서명한 반대 성명서를 내기까지 했다. 지식인 사회의 이런 움직임은 대학생들에게 영향을 미쳐 수많은 학생들이 거리로 뛰쳐나와 시위를 벌였다.

당시 야당인 신민당은 이런 분위기에 편승해 경부고속도로 건설 반대를 당론으로 견지하고 있었다. 심지어 건설부 장관을 제외한 많은 정부 관료들조차 이를 반대하거나 반신반의했다.

가장 적극적으로 반대한 사람들 중 하나가 김대중 전 대통령이었다. 김대중은 IBRD의 보고서를 근거로 들면서 "가뜩이나 전라도에서 현 정권에 대해 불만 운운하는 이때, 같은 국토 내에서 어찌하여 복선 철도가 있는 곳에 다시 고속도로를 건설하는 파행을 하는가."라고 성토했다. 일부 야당의원들은 공사가 진행되는 경부고속도로에 드러누워 "우량 논의 훼손이 웬 말이냐, 쌀도 모자라는데 웬 고속도로냐."면서 현장 농성을 벌이기도 했다.

당시 지식인·야당 인사에 정부 관료까지 가세해 경부고속도로 건설을 적극 반대한 이유는 우선 막대한 재정적 부담 때문이었다. 고속도로 건설 자금으로 들어간 430여 억 원은 당시 정부 재정의 23.6% 수준의 엄청난 금액으로, 정부 재정만으로는 이를 감당키 어려웠었다. "국가재정이 파탄날 것"이라는 우려는 결코 근거 없는 것이 아니었다.

정부는 부족한 자금 마련을 차관에 의존할 수밖에 없었다. 당시 진행되고 있던 한일외교 정상화를 통한 일본의 협력자금에서 부족분을 충당하려 했는데, 이 또한 반대론자들에게 빌미를 제공했다. 일본 차관을 들여와 경부고속도로를 건설한다면 한국경제가 결국 일본에 종속되고 말 거라는 주장이었다.

훼방꾼들의 말 말 말 · 유언비어의 시작

국가산업의 훼방꾼들이 고속도로 건설을 방해하기 위해 사용하는 가장 큰 수단은 편가르기이다. 그중에서도 특히 국민 정서를 자극하는 명분들을 활용한다. 예를 들어 '상위층 1%와 핍박받는 99%' 같은 이분법적 정서를 자극하는 것이다.

사람이란 격차에 예민하게 반응하기 마련이다. 그 가운데에서도 빈부격차, 즉 가진 자와 못 가진 자의 격차에 특히 민감하다. 대부분의 사람들은 일부 계층이 자신들이 갖지 못한 많은 것을 소유했다는 것에 대한 일종의 질시 섞인 선망을 가지고 있기 때문이다.

경부고속도로 건설 반대자들이라고 해서 예외는 아니다. 편가르기를 잘 활용하는 그들은 정서를 자극하는 말들을 사용하기 시작했다. 부자와 빈자라는 이분법적 논리로 국민정서를 건드려 건설을 반대하는 그들의 논지를 시민들 가운데 확산시키고자 하는 전략인 것이다. 다음은 경부고속도로 건설 반대자들이 쏟아놓은 구호와 말들을 정리한 것이다.

김대중은 "머리보다 다리가 크고 양팔과 오른쪽 다리가 말라버린 기형아 같은 건설" "고속도로 건설보다 전라도와 강원도의 국도를 확충해야 한다." "고속도로를 만들어봐야 달릴 차가 없다. 독일의 아우토반이 될 줄 아나. 부유층을 위한 호화시설이 될 뿐이다."라고 했다.

당시 신민당 당수였던 유진오는 "독재자 히틀러의 그 유명한 아우토반을 연상시킨다."고 하기도 했다.

한편 다른 야당 의원들도 한 마디씩 하고 나섰다.

"한국의 모든 차들을 줄 세워봐야 경부고속도로를 못 채운다." "국가재정이 파탄날 것” “길을 닦아 도대체 누구 보고 다니라는 거냐.” “소수 귀족들의 자가용 유람로가 될 것이다.” “부자들이 기생 태우고 놀러 다니는 꼴이나 보란 말이냐.”

여기서 그치지 않고 “재벌들 골프 치러 가기, 경부고속도로 건설 결사반대” “우량농지 훼손이 웬 말이냐.” “쌀도 모자라는데 웬 고속도로냐.” “부유층 전유물인 고속도로 건설 끝까지 결사반대”라는 구호까지 등장하기도 했다.

한편 지식인 그룹의 리더 격인 변형윤 서울대 교수는 “한국사람 중에 자가용 가진 사람이 몇 명이나 된다고 농민들이 허리를 굽혀 땀 흘리며 일하는 농토를 가로질러 길을 낸단 말인가. 기어이 길을 닦아놓으면 소수의 부자들이 그들의 젊은 처첩들을 옆자리에 태우고 전국을 놀러 다니는 유람로가 되지 않겠는가 말이다.”라고 비난하기도 했다.

이러한 말들이 트집잡기라는 사실은 이후 전개되는 경부고속도로의 건설과 이의 화려한 성공이 입증한다. 현재 경부고속도로의 위상이 이 말들을 한낱 트집잡기임을 입증해 보인 것이다.

하지만 잠시 상상해 보자. 1960년대에 인터넷을 통한 SNS가 있었고 사이비 언론을 통해 트집잡기가 쉽게 여론을 좌지우지했다면 어떻게 되었을까. 상상만으로도 모골이 송연해진다. 만일 그랬다면,

경부고속도로 건설은 물 건너갔을 수도 있다. 당연히 고도성장도 없었을 테고 말이다.

경부고속도로가 건설되고 그 모든 허구적 말들이 트집잡기로 판가름 나고 한국이 지금과 같은 고도성장을 이룩하면서 발전한 것은 축복으로 여길 일임이 틀림없다. '한강의 기적'이란 말이 괜히 나온 것은 아닌 듯하다.

2장

천성산 터널의 훼방꾼들

"도롱뇽이 죽어가요"

경부고속철도(KTX)는 노태우 정권 시대인 1992년에 공사가 시작되어 제1단계 서울·대구 구간 공사가 2004년에 마무리되었고, 제2단계 공사인 대구·부산 구간이 2010년에 끝난, 총 20여 년에 걸친 대장정의 역사였다. 원래 계획은 개통이 이보다 훨씬 빨랐으나 사전계획 미비로 인한 계획 보완과 각종 반대로 인한 설계 수정 및 공기 중단 등으로 예정보다 훨씬 공사기간이 길어졌다.

당초 경부고속철도 건설을 위해 예상한 총 비용은 약 5조 8,000억 정도였다. 그러나 실제 투입된 총비용은 예상 금액의 무려 3배에 가까운 18조 4,300억 원 선이었는데, 이렇게 크게 늘어난 것은 계획미비로 인한 보완과 각종 반대로 인한 공사 지연 및 중단에 그 원인이 있다.

경부고속철도 건설의 필요성이 대두된 것은 1980~1990년대 들어와 차량이 증가하면서 경부고속도로가 제 기능을 수행하지 못하게 되었기 때문이다. 차량의 폭증으로 인한 적체현상이 평상시에도 늘 발생할 정도로 교통난, 물류수송난이 심각해지자 이를 타개할 대책이 필요하게 되었다. 또한 아시아 물류수송의 허브를 꿈꾸는 부산신항의 건설도 경부고속철도 건설의 필요성에 일조했다. 부산 신항이 건설되면 물동량이 그만큼 늘어나게 되고, 수도권으로의 신속한 물류이동을 위하여 경부고속철도의 건설이 필요했던 것이다.

그러나 경부고속철도의 건설은 경부고속도로만큼 신속하게 진행되지 못했다. 여러 가지 이유가 있겠지만, 민주화 과정을 거치면서 의사결정이 복잡하게 여러 단계를 거치는 구조로 바뀌었고 공사를 책임지고 있는 정부의 총책임자인 대통령이 네 번이나 바뀌는 과정에서 공사에 대한 논란이 야기된 점도 무시할 수 없는 이유 가운데 하나다. 그 가운데 노무현이 경부고속철도 금정산·천성산 구간 공사의 백지화를 공약으로 내걸고 대통령에 당선된 것도 하나의 이유가 되었다.

공사기간이 길어진 것에서 추측할 수 있듯이, 사업에 대한 반대도 극심했다. 반대자들이 내건 명분은 경우에 따라 다양하지만 그 큰 핵심은 환경문제였다. 주민생활환경보전, 문화환경보전, 생태환경보전과 같은 환경의 보전이 반대자들의 명분이요 핵심 쟁점이었던 것이다.

경부고속철도가 경주시를 가로질러 직진하지 않고 우회해서 돌아가야 하는 이유는 문화환경보전 차원이라고 한다. 경주는 찬란한 신라문화가 보존되어 있는 문화재 도시이고, 이의 보전과 지킴이 KTX의 속도보다 중요하다고 판단했던 것이다. 이뿐만 아니라 주민생활환경 보호 차원에서도 원래 계획이 수정되고 공사가 중단되었다가 재개된 경우가 허다하다.

무엇보다도 세상을 혼란스럽게 만든 반대는 천성산 터널 공사 구간에서 벌어진 지율의 도롱뇽 사건이다. 지율은 천성산 내에 있는 내원사라는 절의 비구니 스님이었는데, 터널 공사가 천성산 내의 고지습지를 파괴하고. 그로 인해 서식지를 잃은 도롱뇽들이 떼죽음을 면할 수 없을 것이라면서 천성산 터널 공사를 적극 반대했다. 천성산터널공사중단가처분신청을 법원에 내고, 도롱뇽을 앞세워 철도공사를 상대로 공사에 반대하는 소송을 걸기도 했다. 법원은 "도롱뇽은 소송의 주체가 될 수 없다."며 기각처분을 내렸고, 지루한 법정공

방으로 이어지지는 않았다.

하지만 지율은 단식투쟁까지 벌이며 계속해서 공사를 반대했고, 이로 인해 공사는 289일, 즉 1년여에 걸쳐 중단되었다. 천성산 터널 공사가 도롱뇽의 서식지를 빼앗아 떼죽음을 가져오는지에 대한 대대적인 환경조사가 이루어지게 되었다. 그러나 결국 조사 결과 도롱뇽의 떼죽음이라는 주장은 근거가 없는 허구로 밝혀졌다.

천성산 터널 공사와 유사한 사례가 사패산 터널 공사이다. 이는 서울외곽순환고속도로를 건설하면서 마지막 구간인 일산·퇴계원 간 사패산에 터널을 뚫는 공사로, 불교계와 환경단체의 반대가 극심했다. 천성산 터널 공사에 지율이 있었다면, 사패산 터널 공사에는 보성이 있었다. 공사 반대에 불교계가 앞장서고 있다는 점과 노무현이 대선 공약으로 불교계에 사업 재고를 약속했다는 점에서 두 사태의 공통점이 있다. 또한 환경영향평가와 공사 중단을 거듭하면서 막대한 공사비 낭비를 초래하였다는 점도 유사하다.

현재 경부고속철도는 모든 공사가 완료되어 운행이 이루어지고 있다. 물론 지율이 그렇게 반대했던 천성산 터널 공사도 마무리되었다. 그러나 지율이 우려했던 고지습지 파괴나 도롱뇽의 떼죽음 같은 환경적 재앙은 일어나지 않았다. 지율의 반대로 공기가 중단되고 수조 원에 이르는 공사비를 날리는 우여곡절을 겪었지만, 오늘날 그의 주장의 타당성은 어디에서도 찾아볼 수 없다. 이러한 결과는 지율의 "도룡뇽이 죽어간다."는 주장들이 근거 없는 트집잡기였음을 증명하고 있다.

훼방꾼들의 조직화—유언비어의 조직화

경부고속철도(KTX)의 건설도 경부고속도로와 마찬가지로 반대가 극심했다. 경부고속철도의 경우 경부고속도로에 비하여 공사기간이 열 배나 길었다는 점은 반대의 정도가 훨씬 더 극심하고 조직적이었다는 것을 말해준다.

반대한다는 점은 같지만 그 실질적 양상을 보면 두 경우에는 많은 차이가 있다. 경부고속도로의 경우 반대의 양상은 일사분란하게 조직적으로 이루어진 게 아니라 개별적으로 중구난방식으로 이루어졌다고 볼 수 있다. 전혀 조직화가 이루어지지 않았고, 각개전투식으로 각자가 자신의 울분을 세상에 토로하는 식이었다. 조직화된 활동이라면 야당인 신민당이 유일했지만, 제도권 내 정당의 반대였다는 점에서 이 또한 일정한 한계를 갖는 것이었다.

반면에 경부고속철도의 경우에는 반대자들이 철저하게 조직화되어 있었다. 따라서 반대를 기획하고, 실천 강령과 지침을 만들고, 이 강령과 지침에 따라 일사분란하게 움직이며 반대를 실행해나갈 수 있었다. 이런 점에서 그들의 반대는 운동이요 진정한 훼방이라고 할 수 있다. 경부고속도로 반대자들의 경우는 이에 비하면 단순한 '우려'라고 할 정도의 수준이다.

그들은 각종 시민단체나 종교사회단체의 외피를 쓰고 있다. 오늘날 시민단체나 종교사회단체가 우리 사회에서 발휘하는 권력의 정도는 매우 높고 그 영향력이 크다. 그들이 조직화하는 과정도 상당한 수준이다. 경부고속철도의 경우 그들 가운데에 환경시민단체와 불교사회단체가 큰 역할을 했다. 참여연대라든가 민주노총, 농민회, 여성회 등이 끼어가는 식으로 일조했다. 도롱뇽 사건으로 유명해진 지율은 불교환경연대의 일원이었다.

또한 경부고속철도의 반대자들이 만들어낸 명분과 목표는 상당히 위력적이었다. 그들이 만든 명분은 정부 국책사업의 타당성보다 오히려 일반시민들의 감성을 더 파고들 정도로 파괴적이었다. 그 논리의 핵심은 환경보전이다.

반대자들의 환경보전이라는 용어가 얼마만큼 순수성을 갖느냐는 나중 문제다. 그들의 정치지향성을 볼 때 그 순수성은 현저히 떨어지고, 숨겨진 불순한 의도가 충분히 간파되기는 하지만, 이는 늘 사후적으로 밝혀질 뿐이다. 그들의 명분이 국책사업의 개발 명분을 압도할 때 사업의 원활한 진행은 심히 어려워질 수밖에 없다. 경부고속철도가 세 번이나 공사가 중단되고, 4년여나 개통이 지연되면서 3조 8,000여 억 원의 공사비가 더 들어가게 된 이유도 바로 이 때문이다.

조직화된 반대자들은 진정한 실천적 훼방꾼들이다. 조직화되어 있지 않고 개별적으로 활동하는 반대자들이라면 그들을 훼방꾼들이라고 하기 어렵다. 이것이 경부고속도로 반대자들과 경부고속철도 반대자들의 차이점이다. 그러나 조직화된 반대자들이든 개별적인 반대자들이든 간에, 그들 사이에는 근본적인 공통점이 있다. 바로 시민들을 설득하는 수단으로 정서에 호소하는 지극히 감성적인 '유언비어'에 의존한다는 점이다.

훼방꾼들이 유언비어를 퍼뜨려 사람들을 동요하게 만드는 것은 굉장히 효과적인 방법이다. 천성산 터널 공사를 방해할 때도 역시 감정에 호소하는 유언비어가 만연했고, 환경개선사업과 관련한 국책사업을 반대해 물의를 일으켜 온 김정욱 서울대 환경대학원 교수도 경부고속철도와 관련하여 다음과 같이 이야기한다. "적자를 보면서까지 그렇게 빠른 시간 안에 서울과 부산을 오가야 할 필요가 있느냐 … 교통량이 많은 시간에는 서울 안에서도 두 시간이 걸리는데 서울에서 부산까지 두 시간에 가는 것이 무슨 소용이 있느냐."

하지만 경부고속도로의 성공은 반대자들의 말과 논지들이 유언비어였음을 입증했다. 근거 없는 트집잡기들은 자연스럽게 역사의 쓰레기통 속에 던져져 폐기처분되었을 것이다. 그러나 경부고속철도의 조직화된 훼방꾼들에게서 이 트집잡기들이 결코 폐기처분된 게 아니고 새로운 분야에 다시 만들어져 세상에 나와 재생되고 있음을 알 수 있다.

유언비어는 사라지지 않고 재구성되고 조직화되어 다양한 분야로 퍼져나가고 있다. 유언비어의 진화라는 측면에서 보면, 반대자들의 조직화란 유언비어의 조직화를 의미한다고도 볼 수 있다. 눈덩이처럼 불어나 기정사실화되고 조직화된 유언비어는 그렇게 단순한 문제가 아니다. 실체와 다른 점을 거의 판별하기 어렵고, 그 실체성을 놓고 실체와 심하게 다투게 된다. 조직화된 유언비어는 꼭 과학처럼 보이는 유사과학에 의존하기 때문이다. 유사과학은 진짜 과학보다 사람들을 혼란에 빠뜨리는 힘이 세고 전파력도 강하다. 진실보다 그럴 듯한 거짓이 더 큰 힘을 가질 때가 많다. 정서적인 호소에 민감할 수밖에 없는 구조를 지닌 것이 유사과학이기 때문이다.

2부

포항제철과 삼성전자, 그리고 부안방폐장

1장

포항제철을 반대한 사람들

반대는 타당했는가

포항제철(현 포스코) 건설 반대는 단지 한두 사람의 목소리로 끝날 문제가 아니었다. 대부분의 사람들이 반대의 목소리를 내고 있었는데, 대내적으로나 대외적으로 마찬가지였다. 당시 포항제철 건설 반대가 찬성보다 다수였다. 현실적 여건으로나 우리 경제 규모를 고려한다면 사업타당성이 그렇게 높지 않았기 때문이다.

1965년 당시 우리나라의 총 예산은 1,500억 원 수준이었고, 연간 총 수출액은 1억 달러 남짓이었다. 이런 재정 여건 속에서 일관제철소인 포항제철 건설은 누가 보아도 무모한 일이었다. 포항제철 건설 자금으로 1억 2,000여 만 달러가 투입되었는데, 이는 당시 우리나라 한 해 예산을 다른 데 전용하지 않고 오로지 이 설립에만 투입해도 될까 말까 한 큰 금액이었던 것이다.

게다가 계획된 100만 톤 남짓의 연간 생산량은 그 당시 기준으로 대단히 큰 규모였다. 우리 경제의 수요만을 고려한다면 제철소를 건립할 경제적 타당성이 낮았다. 당시 우리나라 연간 철강 사용량이 30만 톤쯤이었는데, 이를 위해 100만 톤 정도 규모의 제철소를 짓는 것은 합리적이지 않았다. 오히려 외국에서 수입해다 쓰는 게 훨씬 경제적이었던 것이다.

당시 박정희 정권은 대한국제제철차관단(KISA)을 구성해 포항제철 건설을 위한 외자를 도입하려 하였으나 여지없이 무산되고 만다. IBRD가 경제적 타당성이 없다는 보고서를 내고, 이 보고서를 바탕으로 미국 측 파트너였던 코퍼스사의 포이 회장이 차관 공여를 거부한 탓이다.

물론 포항제철은 우여곡절 끝에 건설이 된다. 일본의 대일청구권 자금을 전용함으로써 가능했던 것이다. 원래 이 자금은 농업발전용으로 쓰도록 용도가 정해져 있었는데, 박태준이 일본 측을 설득해 포항제철을 건설하는 자금으로 사용할 수 있었다.

국내에서의 반대는 훨씬 더 극심하고 전반적이었다. 대일청구권 자금 문제와 관련하여 학생들의 시위가 연일 끊이지 않았고, 당시 저명한 경제학자들로부터 시작해 언론과 야당, 심지어는 여당 내에서까지 반대의 목소리가 컸다. 경제학자들은 대체로 "경제성이 없고 자원 낭비이며, 전시용" 건설일 뿐이라고 폄하하면서 제철소 건설로 국가부채와 재정적자가 확대될 것이라고 우려를 표명했다.

언론 보도를 보면 "가장 중요한 것은 자금인데 지금 우리에겐 제철소를 지을 막대한 자금이 없다."고 하면서 "철강 60~100만 톤을 생산하는 것은 국제경쟁력이라는 차원에서 보면 장난감 같은 것이다. 수입하는 것보다 두세 배의 생산비를 넣어야 하는데 부실기업을 하나 더 만드는 것밖에 되지 않는다. 차라리 철강을 수입해 쓰자."고 평가절하했다.

야당 의원들은 정부의 추진 의지를 폄하하는 모습을 보였다. "차라리 밥이나 해결하라. 철강사업에서 어떻게 수지가 맞을 수 있겠는가. 그런 동기가 어디에서 나왔느냐."라고 했고, "제철공장을 짓더라도 원료도 없고 쓸 곳도 없다."고 비꼬았다. 대체로 "철을 만들어서 어디에 쓸 것인가. 차라리 쌀을 만들라."라는 입장이었다.

이처럼 심각한 수준의 대내외적인 반대와 낮은 타당성을 감안할 때 포항제철의 건립은 실상 기적에 가까운 일이었다. 어떤 계획이 추진보다 반대의 타당성이 더 높다면 철회하는 것이 마땅하기 때문이다. 그런 면에서 보면, 포항제철의 성공은 박정희의 '할 수 있다'는 강한 신념과 CEO 박태준의 추진력이 없었다면 가능하지 않았던 일이다.

전해오는 일화에 따르면, 중국의 등소평이 신일본제철을 찾아가 한국의 포항제철과 같은 일관제철소를 중국에도 지으려 하는데 좀 도와달라고 하자 신일본제철에서 다음과 같은 이유를 들어 안 된다고 했다고 한다.

"중국에는 박태준이 없기 때문에 불가능합니다."

포항제철의 눈부신 성공과 반대자들

포항제철은 우여곡절 끝에 1970년 4월 1일 착공에 들어가 1973년 6월 9일 제1고로에서 최초의 '쇳물'을 뽑아내고, 다음 달 7월 3일에 준공식을 갖는다. 경부고속도로의 3배에 해당하는 1,200여 억 원이 들어간 대공사였고, 당시로서는 단군 이래 최대의 공사였다. 포항제철의 건설로 우리나라 중화학공업의 초석이 놓였다고 할 수 있다.

포항제철은 첫해부터 흑자기록을 세워가기 시작했는데, 첫해의 흑자가 242억 원에 달했다. 그로부터 매년 엄청난 규모의 흑자를 기록하는 대기록을 세웠다. 준공 이후 40년이 지난 지금 포항제철(현 포스코)은 세계 최고 수준 품질의 철강을 생산하는 글로벌 기업으로 성장했다. 1973년 45만 톤이던 조강생산능력이 2007년 3,110만 톤까지 늘어났다.

그동안 포항제철은 우수한 품질의 철강을 제공한 것 이외에도 고소득의 일자리 창출, 큰 수익과 세금납부, 포항공대 설립 등 우리 사회에 큰 기여를 했다. 포항제철이 성공한 기업이며, 우리나라의 산업화에 가장 크게 기여한 기업 가운데의 하나임은 누구도 부인할 수 없는 일이다.

사실 박정희가 추진하여 건설한 경부고속도로와 포항제철은 우리나라 산업발전의 양대 축이다. 경부고속도로는 사회간접자본으로, 포항제철은 중공업 기초 원자재로 각 분야의 상징적 존재이기도 하다. 이 두 분야의 성공이 산업화 초기에 확보됨으로 해서 우리의 산업화 과정은 순풍에 돛을 단 배처럼 잘나가게 되었다. 여론의 반대를 무릅쓰고 경부고속도로와 포항제철 건설을 과감히 밀어붙인 박정희의 혜안을 새삼 돌아보지 않을 수 없다.

포항제철의 눈부신 성공은 건설 전의 반대 여론을 긍정적으로 바꿔놓았다. 이의 성공이 반대 여론을 하나하나 타당성이 없는 것으로 드러내 보여줌으로써 여론의 전환은 불가피한 것이었다. 사실 포항제철의 눈부신 성공은 건설 전의 대내외적인 반대 여론에 비추어 볼 때 상당히 충격적인 것이었다. 이의 성공에 대해 '기적'이란 말이 나오게 된 것도 이 충격에서 비롯된 일이었다고 볼 수 있다.

포항제철이 타당성이 없다는 IBRD 보고서를 내놨던 지페 박사가 훗날 이런 말을 했다고 한다. "그때 내 보고서가 틀렸다고는 보지 않습니다. 지금 다시 보고서를 쓰라고 해도 똑같이 쓸 것입니다. 하지만 내가 모르고 지나친 것이 하나 있습니다. 그것은 바로 박태준 당신입니다. 제가 잘못 판단한 것이 아닙니다. 당신과 포철이 기적을 일으킨 것입니다."

포항제철의 눈부신 성공은 부정적 여론을 180도 바꾸어 놓았다. 경제성 및 타당성이 없다고 반대하던 사람들의 주장에 깊은 생채기를 냈다. 포항제철의 성공적인 결과에 반대자들이 기존의 주장을 철회하고 성공의 이유를 받아들이는 것이 순리지만, 일부 반대자들은 그렇게 하기보다 무시하거나 외면하는 우를 범했다.

계속되는 훼방의 악순환

포항제철은 반대자들의 주장을 무색케 할 정도로 큰 성공을 거두었다. 포항제철 사업을 끝까지 막으려 한 사람들의 주장들은 대부분 트집잡기로 판명되었다. 건설 전에는 타당하다고 믿었던 주장들이 유언비어로 전락되어가는 것을 지켜보면서 반대자들은 당혹감에 휩싸이지 않을 수 없었을 것이다.

경부고속도로와 포항제철의 성공은 흔히 이야기하는 '한강의 기적'을 상징적으로 보여준다. 대내외적으로 당연히 실패할 거라 예측되었던 그 속에서 눈부신 성공을 거두며 그 반대 주장을 무색케 했다. 그 성공 앞에서 반대자들의 입지는 좁아들고, 그 논리적 근거가 없다는 것은 정치적으로 매우 큰 타격이 된다.

이때 잘못된 길을 선택하게 되면 모두에게 불행한 사태가 발생한다. 자신들의 틀린 주장을 계속 합리화하고 성공을 외면하면서 그 부작용을 부풀리는 행동을 하게 되는 것이 바로 그런 경우다. 그럴수록 유언비어는 해소되어 사라지는 게 아니라, 여전히 사실을 왜곡하면서 오히려 세상을 혼돈 상태로 몰고 간다. 심지어 유언비어의 체계화를 이루려는 사태까지 발생하고 만다.

유언비어의 체계화는 잘못된 것이지만, 정치세력에 의해 옹호되는 경우 하나의 '역사'로 기록되기도 한다. 흔히 말하는 흑역사(黑歷史)이다.

경우에 따라서는 반대자들의 반대는 단순한 우려가 아닌 논리와 근거 없는 훼방으로 나아가기도 하며, 반대자들은 명실상부한 훼방꾼들로 거듭난다. 반대의 타당성 여부가 중요한 게 아니라 그 건설사업을 최종적으로 무산시킬 수 있느냐라는 정치적 승리를 중요시하게 된다. 그런 정치적 동인은 유언비어의 적극적 생산자로 나아가게 만든다. 역사적 패배의 경험에서 체득한 바를 제대로 받아들이지 못하면, 유언비어가 중요한 게 아니라 사업의 무산이 곧 그들의 정치적 승리라는 잘못된 정치공학에 빠지게 된다는 말이다. 즉, 자신들의 주장과 논리가 잘못되었을 경우 이를 받아들이고 수정하기보다 유언비어로 전락하는 것을 막으려고 애쓰는 타락의 길을 걷게 되는 것이다.

이후 경제발전과 산업화 과정에 반대하는 세력들의 저항은 점차 합리적 근거와 논리에 근거한 비판에서 벗어나 타당성에 연연하지도 않게 된다. 허구적 논리를 앞세워 그들이 집요하고도 끈질긴 훼방의 양상을 띠게 되는 모습을 보인 점은 안타까운 일이다.

포항제철 건립을 반대하던 그들 역시 합리적이고 타당한 비판에서 벗어나 점차 비논리적인 주장만을 펼치는 훼방꾼들로 변질되어 갔다. 철강사업은 오히려 경제발전을 저해할 것이라는 주장은 명백하게 틀렸음이 드러났고, 포항제철을 빼놓고는 대한민국의 산업화의 성공신화를 이야기할 수 없을 정도다. 그러나 끊임없이 유언비어를 퍼뜨리며 훼방을 놓았던 이들은 끝까지 그 주장을 굽히지 않았고, 포항제철의 성공 이후에도 자신들의 주장이 틀렸다고 말하지 않았다. 그들은 과오를 인정하지 않은 채 또 다른 새로운 문제를 찾아 훼방을 놓으며 정치 공세를 펼치려 했다. 결국 훼방꾼들의 억지 주장이 시작되면서 유언비어의 악순환이 반복되고 마는 것이다.

2장

수출주도형 산업화와 삼성전자

중화학공업 육성정책과 그 반대자들

1973년 1월 12일 당시 대통령이었던 박정희는 다음과 같은 기자회견을 했다. "우리나라 공업은 이제 바야흐로 '중화학공업시대'에 들어갔습니다. 정부는 철강·조선·기계·석유화학 등 중화학공업 육성에 박차를 가해 이 분야의 제품수출 강화를 추진하고 있습니다."

이 기자회견은 '중화학공업 육성정책'에 대한 대내외적 천명이었다고 할 수 있다. 그러나 실제 중화학공업 육성정책이 수립되고 실행되기 시작한 것은 이미 1960년대 중후반부터였다. 이를 위한 기반사업으로 경부고속도로를 건설했고, 포항제철의 설립도 추진되었던 것이다.

이 기자회견이 있던 1973년 무렵이면 이미 울산석유화학단지, 현대중공업 울산조선소(1973년), 구미전자공업단지(1973년) 등의 기반시설들이 준공 및 완공을 앞두고 있었다. 이런 추진 성과가 있었기에 박정희 대통령이 자신감을 갖고 기자회견을 할 수 있었다고 볼 수 있다.

사실 수출주도형 중화학공업정책은 박정희의 '할 수 있다.'는 강력한 신념이 아니었다면 진행되기 어려운 일이었다. 대내외적으로 반대가 심했고, 사업의 미래를 낙관하는 사람들이 거의 없었기 때문이었다. 우리나라의 수출주도형 중화학공업정책과 달리 수입대체형 공업화정책을 펼쳤던 외국 사례들이 부정적인 성과를 드러냈다. 당시 중화학공업정책을 추진하고 있던 남미국가들 대부분이 실패하는 모습을 보였다.

이에 대한 미국의 정책적 입장도 마찬가지였다. 개발도상국이 중화학공업정책을 추진하는 것은 무리이므로 경공업육성정책을 써 경공업을 발달시키고 수입대체산업을 일으키는 게 우선시되어야 한다고 했다.

이런 여러 사정으로 볼 때 박정희가 중화학공업화 정책을 추구한다는 것은 사실 큰 모험이었다. 그러나 박정희 입장에서는 이 정책을 추구해야 할 명확하고도 절실한 이유가 있었다. 첫 번째는 안보 문제였고, 두 번째는 수출입국을 달성하기 위해서는 중화학공업의 육성과 정착이 반드시 필요했기 때문이었다. 당시 우리나라는 미국의 닉슨 대통령이 주한미군 철수를 검토하고 있는데다 북한을 포함한 북방의 공산 세력과 대치하고 있는 상황이었기 때문에 국방이라는 안보의 필요성이 절실했다. 또한 수출주도형 공업화정책은 박정희가 나라를 번영으로 이끌겠다는 강한 신념을 갖고 추진하던 일이었다. 따라서 수출주도형 공업화가 성공하기 위해서는 산업구조의 재편으로서의 중화학공업화가 절실했던 것이다.

외국의 성공 사례도 이렇다 할 것이 없고, 미국도 찬성하지 않았으며, 개발은행이나 세계은행에서는 자금공여를 거부하던 당시 박정희의 중화학공업화에 대한 국내의 반대는 당연히 심했다. 아주 가열했다고 할 만큼 극심했다. 수입대체산업을 육성하는 것만으로도 충분히 먹고살 수 있는데 외자를 도입해 그런 거창한 정책을 펼치다가는 재정이 거덜나고 외국에 종속되고야 말 거라는 것이 반대론자들의 주장이었다.

당시 야당 대표였던 김대중은 1972년 대통령 선거에서 박정희의 중화학공업정책의 무효화를 공약으로 내걸었다. 물론 결과는 박정희의 승리였지만 간발의 차라고 할 만큼 신승(辛勝)이었다. 그만큼 중화학공업화에 대한 반대의 목소리가 컸다는 의미가 된다.

중화학공업정책에 대한 가장 핵심적인 반대의 목소리를 낸 인물은 바로 박현채였다. 김대중은 『대중경제론』이란 책에서 수출산업화와 중화학공업화를 비판하고 있는데, 이 내용은 박현채의 『민족경제론』에서 영향 받은 바가 크다.

박현채는 6.25를 전후해서 빨치산 활동을 한 인물이다. 이념적으로 사회주의자이며 대한민국 건국 자체를 부정하는 인물이다. 서울대 상대를 나와 『민족경제론』이라는 책을 집필하였는데, 이는 1990년대 중반까지 훼방꾼들의 가장 중요한 정치경제 이론서이자 필독서 가운데 하나였다. 그 영향력은 국가발전의 훼방꾼들 사이에서는 여전히 유지되었다.

『민족경제론』에서 박현채는 박정희가 추구했던 수출산업화와 중화학공업화 모두를 신랄하게 비판하고 있다. 그러한 정책은 식민자본에 종속되는 길이라는 것이다. 이에 대한 대안으로 박현채는 중소기업을 중심으로 한 수출대체산업화를 옹호하고, 농업경제에 기반한 자급자족사회를 방향으로 제시하고 있다. 그것이 제국주의의 식민자본으로부터 벗어나 진정으로 자율적인 자립국가경제를 세우는 길이라고 주장했다.

오늘날 한국이 걸어온 수출산업화·중화학공업화의 길과 박현채가 제시한 길 가운데 어느 길이 맞았는지는 재론의 여지가 없다. 한국은 식민자본에 예속화되지 않고 그와는 정반대로 눈부신 발전을 거듭하여 무역대국으로 우뚝 서고 있지 않은가.

세계시장에서 경쟁하는 대기업

중화학공업화의 성공은 박정희의 강력한 추진력과 의지가 없었다면 결코 성공할 수 없는 일이었지만, 민간 기업들의 활약 또한 없었으면 불가능한 일이었다. 기업가들이 '사업보국'이라는 애국심으로 똘똘 뭉쳐 당시로서는 불가능하다고 평가된 거대한 리스크를 기꺼이 감내하면서 이겨내지 못하였다면 박정희의 의지가 아무리 강했다 하더라도 성공하긴 어려웠다고 봐야 한다.

세계 시장의 무한 경쟁 속에서 큰 성공을 이룬 기업들은 대기업으로 성장했다. 하지만 반대세력은 이들 대기업의 성공을 받아들이기보다 '재벌'이라며 깎아내리기 시작했다. 그들은 대기업을 정부의 특혜 아래 산업자본의 이윤을 독식하는 문어발식 기업집단이라며 몰아붙이면서 재벌을 해체해야 한다는 주장까지 서슴지 않았다.

IMF 외환위기를 겪으면서 무수히 많은 기업들이 문을 닫았고, 4

대 그룹으로 성장했던 대우그룹이 정치적 리스크를 넘지 못하고 해체되기도 했다. 지금도 대기업들은 재벌이라는 오명을 쓴 채 반기업적 규제에 시달리면서 세계시장에서 외롭게 분투하고 있다. 성공의 길을 열고 대한민국 발전을 이끈 대기업에 대한 정당한 평가가 이루어지지 않고 작은 문제를 침소봉대하여 대기업을 폄하하는 것은 잘못된 일이다. 반기업적 논리들은 점차 영향력이 커지면서 오랜 시간 동안 정부의 정책과 법체계에 파고들어갔다. 지금 우리 사회에 만연해 있는 반기업 규제들은 기업의 성공을 부정해온 훼방의 퇴적물들이다.

당시 우리나라의 중화학공업화 추진은 그 성공이 불가능한 것으로 대내외적으로 인식되고 있었다. 불가능하다는 인식은 이를 무릅쓰고 나아가야 하는 대상에게는 엄청난 위험일 수밖에 없다. 큰 위험이 큰 수익을 낸다는 것은 투자의 상식이다. 물론 모든 기업이 성공한 것은 아니다. 세계시장의 무한경쟁을 견디지 못한 기업들은 도태되었고 무한경쟁을 버텨낸 기업들만이 세계 수준의 경쟁력을 확보하면서 글로벌 기업으로 올라설 수 있었다.

우리나라 대기업은 세계 기준으로 보면 그다지 크지 않다. 세계화 시대인 지금 외국의 대기업들과의 경쟁은 회피할 수 없는 일이지만, 그들과 비교했을 때 우리 대기업들의 규모는 여전히 그렇게 크다고 할 수 없다. 세계적 기업 수준으로 어느 정도 규모를 갖춘 기업은 삼성·현대·LG·SK 정도이다. 이들을 제외한 대부분의 기업들은 세계 시장에서 대기업이라고 하기에는 여전히 작은 규모라고 할 수 있다.

박정희는 중화학공업을 육성하는 데에 있어 여섯 가지 중점 분야에 집중하였다. 석유화학, 기계, 조선, 철강, 비철금속, 전자가 그것이다. 철강은 기본적인 원자재를 공급하는 기업으로 포항제철을 건설했고, 각 분야별로 대표적인 기업들이 탄생했다. 조선 분야의 현대중공업을 비롯해 울산석유화학단지와 구미전자공업단지가 건립되었다. 정부의 이러한 중공업육성정책으로 수많은 기업이 태어났지만 모두 성공한 것은 아니다. 경쟁을 통해 경쟁력을 확보한 기업들은 더 큰 도전을 향해 나아갔고, 그렇지 못하고 경쟁에서 패배한 기업들은 도태되었다.

삼성전자 탄생

삼성그룹이 전자산업에 뛰어든 것은 지금의 관점에서 보면 당연하고 역사적인 일이다. 하지만 당시 삼성그룹이 삼성전자를 설립한다고 했을 때 모두가 환영했을까? 그렇지 않았다. 삼성이 전자산업에 진출하려 하였을 때 상당한 반대 여론이 있었다. 그 대표적인 곳이 한국전자공업협회였다. 당시 59개의 전자회사를 회원으로 확보하고 있던 전자공업협회는 전체 회원사들 명의로 삼성그룹의 전자산업 진출을 반대하는 성명서를 내기도 했다.

성명의 요지는 "전자산업진출 조건으로 삼성이 내건 3대 조건이 이미 실현 불가능하니 삼성의 전자산업진출은 허용되어서는 안 된다."는 것이었다. 삼성은 TV수상기·라디오·스피커 등처럼 아직 국내 중소기업이 국산화에 성공하지 못하고 있는 제품들을 일본의 산요전기와 합작해 생산해 이 가운데 85%는 수출하고 15% 이내의 제품만을 국내시장에 반입한다는 조건으로 전자업계에 진출하려 했던 것으로 보인다. 그런데 전자공업협회에서는 TV수상기·라디오·스피커 등 모두 국내 중소기업에서 국산화에 성공하고 있고, 삼성의 85% 수출은 불가능하며, 나머지 15%만으로도 국내총생산량을 이미 초과해 삼성의 전자산업계 진출은 불가하다고 주장했다.

당시 전자산업은 금성사와 중소기업 규모의 여러 기업이 활동하고 있었다. 오늘날의 LG로 성장하는 금성사를 제외하면 전자산업 분야가 몹시 낙후된 상태였음을 알 수 있다. 당시 정부가 지금과 같은 중소기업적합업종이라는 규제를 시행하고 있었다면, 아마도 삼성의 전자업계 진출은 불가능했을 것이 틀림없다. 당시 전자산업이 중소기업을 중심으로 돌아가고 있어 중소기업적합업종으로 지정되고 심지어 금성사도 사업축소의 정치적 압박을 받았을지도 모를 일이다.

다행히 박정희 정부는 중소기업적합업종이라는 보호정책보다 세계시장에 나가 경쟁하면서 수출을 늘리라는 경쟁정책을 실행하고 있었기에 삼성은 전자업계에 진입할 수 있었다. 만일 중소기업보호라는 진입장벽이 당시에도 작동하고 있었다면 삼성전자는 탄생하지 못했을 것이며 오늘날 세계 1위 기업 삼성전자도 당연히 없을 것이다.

당시에도 삼성은 잘나가는 기업으로 인식되고 있었다. 전자공업협회로부터 소위 '재벌'이라는 명칭으로 불릴 정도였다. 삼성은 당시에도 삼성물산·제일제당·제일모직공업·동방백화점·동방생명·한국비료·중앙일보 등 10여 개가 넘는 계열사를 거느린 기업집단이었다. 그런 삼성그룹이 전자산업에 뛰어든다고 하니 이 업계 종사자들이 바짝 긴장하고 반대의 성명을 내는 것은 기득권을 보호해야 하는 입장에서는 어쩌면 당연한 일이었을 것이다.

그러나 전자공업협회의 성명이 정치적 명분을 갖추었다 하더라도 오늘날 삼성전자가 없었다면 우리나라의 경제수준이 어땠을까를 생각해 본다면 그런 정치적 주장이 그다지 타당하지 않다는 점이 쉽게 드러난다. 전자공업협회가 3불가론을 들어 삼성의 전자업계 진출을 반대하였지만, 삼성전자는 태동 이후 자신들의 약속을 지켜 나갔다. 산요전기와의 합작을 통해 생산품의 80% 이상을 수출했고 전자산업의 규모를 현저히 증대시켰던 것이다.

'재벌' 이미지는 누가 만들었나

삼성전자를 비롯한 국내 대기업들로 인해 우리나라는 눈부신 경제 발전을 이루게 되었고, 결론적으로 말해서 우리의 공업화 추진에 대한 반대 주장은 대내외적으로 타당하지 않은 것으로 드러났다. 그래서 '기적'이라는 표현을 쓰는 것일지도 모른다. 불가능하다고 보았던 자신들의 주장이 틀리고 세계무대에서 경쟁을 통해 경쟁력을 확보한 우리 기업들의 선전이 이어지고 있으니 말이다.

하지만 국내의 반대론자들은 '기적'이라는 말을 쓰지 않는다. 이 모든 게 국민의 땀과 노력의 결과이자 결정체라고 둘러댄다. 그러면서 자신들도 국민의 한 사람이었음을 강조한다. 물론 지금의 한국의 성공이 국민 한 사람 한 사람의 땀의 결정체요 그 결과임은 분명하다. 그러나 앞에서 이 결과를 이끌어냈던 사람과 기업을 언급하지 않는 것은 정직하지 않은 일이다. 다름 아닌 절체절명의 위험을 뚫고 사업을 추진했던 기업인들과 기업들 말이다. 이들은 '사업보국'이라는 애국심으로 사업을 일으켰다. 기업가들이 자신의 안위만을 추구했다면 모두가 불가능하다는 사업에 모든 것을 걸고 위험을 무릅쓰려 하지 않았을 것이다. 이들에게는 사명감과 시대적 소명의식이 있었다. 또한 기업가로서 혁신을 이루어내겠다는 불굴의 의지와 세계시장을 개척하겠다는 도전정신이 있었기에 불가능을 가능으로 만들며 성공의 길로 나갈 수 있었다.

국민 가운데 반대 의견을 가졌던 사람들의 대다수는 대한민국의 성공을 마음으로 받아들이며 나라를 성공으로 이끈 국민의 한 사람이 되었다. 반대의 입장에서 찬성의 입장으로 돌아섰다고 봐야 할 것이다. 오늘날 이 시대를 산 사람들 대부분이 우리나라의 성공에 자부심과 긍지를 갖게 된 것이다.

하지만 여전히 성공의 결과를 외면하고 반대 입장으로 남아 있는 사람들도 있다. 그들이야말로 진정한 훼방꾼들이다. 그들은 여전히 박정희의 수출주도형 공업화정책이 잘못되었음을 주장하고, 그 결과로 우리나라를 빛내고 있는 기업들을 재벌이라 부르며 해체해야 한다고 주장한다.

그들이 우리나라의 중화학공업화정책이 실패했다고 주장하는 논지의 근거는 여전히 박현채의 『민족경제론』 수준에 머물러 있다. 그

본질은 환경, 건강, 반핵·반전·평화라는 현란한 수사들과 크게 다르지 않다. 그들의 인식구조는 '중화학공업정책'이 수립되고 추진되던 시기인 1960~1970년대에 고스란히 고착되어 한 치도 앞으로 나아가지 못하고 있다. 인식의 고착을 보인다는 점은 분명 훼방꾼들의 비극이다.

이는 그들만의 비극이 아니라 우리 국민 모두의 발목을 잡는 비극으로 연결된다. 훼방꾼들의 고착된 인식이 한 세대에서 마감되고 새로운 시대를 맞이한다면 이는 더 이상 우리의 비극이 되지는 않을 것이다. 그러나 훼방꾼들의 고착된 인식이 다시 다음 세대로 이어지고 있다는 것은 문제이다.

박현채의 『민족경제론』은 자급자족, 농업 경제 등을 주장하면서 시대에 뒤떨어진 정책을 제시한다. 이는 한국의 눈부신 성공을 외면한 한낱 트집잡기에 불과한 것이 분명하지만 그것은 그렇게 쉽게 사라지지 않고 계속해서 반대자들에 의해 떠돌고 있다. 오늘날에도 훼방꾼들은 산업화의 폐해, 대기업의 문제를 지적하면서 긍정적인 결과를 가져온 것은 무시하고 부정적인 면을 부각시켜 자신들의 잘못된 주장을 합리화하고 있다.

3장

부안방폐장(방사성폐기물처분장)의 훼방꾼들

부안사태의 의미

1970년대부터 원자력발전소를 건설하기 시작해 전체 전력 생산량의 30~40% 수준을 원자력에 의존해 왔던 우리나라에서 발전하고 남은 방사성폐기물에 대한 처분이 1980년대 중반부터 문제가 된 것은 당연한 일이다. 안면도라든가 굴업도 등지에 방사성폐기물처분장(방폐장)을 건설하려고 시도하였으나 번번이 지역 주민과의 갈등을 해소하지 못하고 좌절되곤 했다.

노무현 정권에 들어와 정부의 숙원사업이었던 방폐장 건설이 경주 유치에 성공했다는 것은 비록 그것이 중·저준위 저장고라 하더라도 분명 치적이라 할 만하다. 그러나 경주에 방폐장 유치가 결정 나기 2년여 전쯤 한차례 극심한 후유증을 겪어야만 했다. 바로 부안 방폐장사태다.

2003년 당시 김종규 부안군수가 정부의 장기 미제 국책사업이었던 방폐장을 부안군 위도에 유치하겠다고 발표하였다. 지역 발전과 국책사업 추진이 동시에 이루어질 수 있는 순간이었다. 하지만 비판론에 치우친 정치세력이 이 지역의 문제를 정치화하면서 극심한 혼란이 일어났다. '부안사태'는 조용한 농어촌 부안을 1년여 동안 정치 태풍의 눈 한가운데로 몰아넣었다. 그 과정에서 주민 45명이 구속되고 121명이 불구속 기소되었으며 경찰과 주민 500여 명이 크고 작은 중경상을 입고 병원마다 만원사례를 이루었다. 인구 6만여 명인 부안에 경찰이 1만여 명 가까이 상주했을 정도라면 이는 준전시 상태라고 할 수 있을 정도로 심각한 갈등의 현장이었음을 말해준다. 그해 말 부안에 투입된 전의경의 식비 등으로 사용한 전북경찰의 예비비가 100억 원에 육박한다는 자료가 나왔을 정도였다.

정치 싸움에 지역 주민이 휘둘린 결과는 너무나 처참했다. 지역발전은 좌절되었고 사회적 비용도 커서 군청 공무원과 주민들 사이의 불신의 골이 깊어졌다. 심지어 찬성 측 주민과 반대 측 주민 간의 반목과 갈등이 10여 년이 지난 지금까지도 여전히 해소되지 않고 있다.

방폐장 유치가 좌절된 것이 부안 주민들에게 좋은 일이었는지 아니면 나쁜 일이었는지는 정치인들에게는 중요하지 않았다. 한편에서는 국책사업을 좌절시킨 정치적 승리를 만끽할 것이며 다른 쪽은 국책사업이 좌절되어 다른 곳에서 다시 추진해야 하는 정치적 부담이 발생한 것뿐이다. 부안 방폐장이 좌절되면서 새로운 방폐장 건설은 주민투표를 통해 경주로 최종 낙착되었다. 이에 대한 보상으로 정부는 3,000억 원에 달하는 특별보조금을 지원하고, 매년 폐기물처리 수수료로 80억 원 가까운 금액이 지방재정에 유입되며, 한국수력원자력 본사가 경주 동천동으로 이전한다는 것을 보면 유치의 좌절은 부안주민 입장에서는 아쉬운 점임에 분명하다. 양성자 가속기도 경주에 건립될 예정인데, 이의 경제적 파급효과가 연간 3조 5,000억 원에 달한다는 점에서 이 역시 몹시 안타까울 수밖에 없다. 반면 반대론자에게는 '방사능 청정지대'라는 정치적 명분을 지킬 수 있었다는 투쟁의 업적을 앞세워 방폐장 유치의 좌절을 잘된 일로 내세울 것이다.

부안사태를 통해서 국책사업의 단골 훼방꾼들의 면면이 뚜렷해지기도 했다. 방폐장 건립을 반대한 것은 부안주민들이지만, 주민들을 선동하고 지원하며 교육하여 반대의 목소리를 키우고 확대시킨 배

후가 따로 있기 때문이다.

부안사태를 악화시킨 단체를 보면, 환경운동연합, 녹색연합, 환경정의시민연대, 기독교환경운동연대, 불교환경연대, 참여연대, 환경과공해연구회, 전국교직원노동조합(전교조), 전국민주노동조합총연맹(민주노총), 문화연대, 민주사회를위한변호사모임(민변), 민주언론시민연합(민언련), 반전반핵시민연합, 천주교정의구현사제단(정구사) 등이다. 그들 중 대표적인 단체는 전교조, 민주노총, 민변, 민언련, 참여연대, 정구사 등이다. 그들 단체는 방폐장 유치 찬반 주민투표를 유도하고 이의 시행과정에서 투표소 관리는 민변 변호사들이, 개표는 전교조 소속 교사들이 전담하다시피 했다. 실상 부안주민투표의 전 과정을 총괄한 게 다름 아닌 그들 단체들이었다. 주민투표의 결과는 예상대로 91%라는 압도적인 표차로 유치반대로 판가름났다.

주도적 인물들을 보면 김정욱(서울대 교수), 백낙청, 이시재(가톨릭대 교수), 김좌관(부산가톨릭대 교수), 문국현·문정현 형제(신부), 수경(승려), 김영락(목사), 최열(환경재단), 김혜정(환경운동연합), 서재철(녹색연합), 염형철(환경운동연합), 하승수(민변) 등이다.

그들은 주민들의 갈등이 있는 곳에 나타나 갈등을 증폭시키고 확대시키는 확성기 역할을 하는 것으로 평가된다. 주민들이 정부 시책과 갈등을 일으키는 것은 이해타산의 문제일 뿐인데, 그들은 주민들의 지역 문제를 정치화하여 정치 투쟁의 문제로 바꾸어 놓는다. 주민들의 이해관계라면 공청회 등을 통한 수렴과정을 통하여 정부시책과의 접점을 충분히 찾을 수 있다. 그러나 이런 문제가 정치화되고 나면 그런 접점을 찾는 일은 사실상 불가능해지고 만다. 오직 승자와 패자라는 이분법적 정치 싸움에 몰입된다. 부안방폐장 사태가 유치 불가라는 파국으로 막을 내리게 된 이유가 바로 여기에 있다.

그들의 개입과 선동으로 주민들의 갈등이 정치화되어 파국으로 끝나면 그 피해는 고스란히 주민들에게 가게 된다. 숙원사업이 좌절되고 말았다는 점에서 이를 추진한 정부 역시 피해자라고 볼 수 있다. 국책사업의 좌절이라는 측면에서 보면 나라 전체가 피해를 입었다고 볼 수도 있다. 정치투쟁으로 실질적 이득은 없고 피해만을 보는 이전투구, 네거티브 게임이 되는 것이다.

이 경우 이익을 챙기는 집단은 오로지 훼방꾼들뿐이다. 갈등하는 주민들에게 달라붙어 주민들의 갈등을 증폭시키고 확대시킴으로써 그들은 정치적 명분과 이득을 챙긴다. 이러한 점에서 그들은 정치적 승자다. 그런 투쟁의 결과가 쌓이게 되면, 훼방꾼들은 정치적으로 결코 무시할 수 없는 세력으로 군림하게 되는 것이다.

훼방꾼들의 승리

부안방폐장 사건은 훼방꾼들이 전면적으로 승리한 경우라고 할 수 있다. 방폐장의 부안 유치를 추진했던 정부의 방침은 끝내 좌절되고 말았다. 훼방꾼들의 일방적인 승리란 몹시 보기 드문 일이다. 경부고속도로나 포항제철, 경부고속철도의 예에서 보았던 것처럼 훼방꾼들은 정부의 국책사업 반대에서 패배하거나 승리하더라도 정치적 명분만을 챙기는 정도에 그치는 것이 보통이다. 왜냐하면 정부의 국책사업은 국민 사이에서 이미 어느 정도 공감대가 형성되어 있는 경우가 태반이며, 해당 산업과 주민에게 상당한 이득을 가져다주는 것이 일반적이어서 훼방이 전면적으로 성공하기는 어려운 일이기 때문이다.

이런 점에서 부안방폐장사태가 훼방꾼들의 전면적인 승리로 끝나고 만 것은 좀 예외적인 경우라고 할 수 있다. 이는 당시 사회적 분위기와 무관하지 않으며, 반대 세력의 조직력과 자금력이 상당한 수준이었음을 보여준다. 또한 노무현 정권과도 연관성이 있다. 훼방꾼들과 같은 논리를 앞세우는 정치세력에서 나온 정권이 그들에게 친화적이고 유화적이었다는 점도 사태를 악화시킨 측면이 있다.

그러나 무엇보다도 그들이 반대의 명분을 개발하고 주민들이 우려하는 심리를 적절히 자극하면서 가까이 갈 수 있었다는 데에 주목할 필요가 있다. 원자력의 부정적 이미지는 누구에게나 잘 알려진 바이고 부안주민들 역시 이에 대한 불안 심리와 경계감을 갖고 있었다. 훼방꾼들은 바로 이 원자력에 반대하는 입장을 취하고 있었고, 거기다 환경 이슈를 활용해 자신들의 훼방 논리를 적절히 구축하고 있었다. 원자력에 불안해하는 부안주민들 다수에게 훼방꾼들의 이러한 입장과 논리는 공감할 만한 것으로 비춰졌고 주민들의 집단적인 행동을 자극할 수 있는 충분한 동력으로 작용했다.

하지만 훼방꾼들의 근본적 사고는 이와는 거리가 있는 것이다. 원자력의 위험성이나 환경 이슈는 승리를 위한 표면적인 가피일 뿐이고 그들의 근본적 입장은 반(反)자본주의 투쟁에 있다고 할 수 있다. 대한민국이 자유민주주의와 시장경제 체제를 근본가치로 하는데, 그들은 이를 부정하며 훼방꾼으로 행동해 왔다. 참고로, 그들의 훼방 논리는 이승만이 자유민주주의에 입각해 나라를 세울 때부터 시작되고 있음에 주의를 기울여야 한다.

유언비어는 자극적일수록 좋다

부안방폐장 사태는 반대세력들이 훼방꾼으로 거듭나고 있음을 극명하게 보여주는 사례다. 정부의 국책사업을 의도적으로 훼방 놓고, 그럼으로써 이를 결정적으로 좌절시킨다는 점에서 훼방꾼으로서의 면모가 선명하게 드러났다.

경부고속도로나 포항제철에서의 경험, 즉 실패가 훼방꾼들에게 뼈아픈 반성의 계기가 되었으리라 짐작할 수 있다. 경부고속도로와 포항제철의 거침없는 성공 속에서 자신들의 반대 논리가 유언비어로 전락되어 가는 모습을 보면서 중요한 것은 타당성이 아니라 현실에서의 실증임을 깨우쳤을 게 틀림없다.

유언비어화되는 것을 막고 반대의 타당성이 그대로 유지되려면 몇 가지 조건이 충족되어야만 한다. 첫째는 현실에서 경부고속도로나 포항제철이 눈부신 성공을 거두고 있다 하더라도 그것을 절대로 인정하지 않는 것이다. 심지어 경부고속도로나 포항제철도 성공한 사업이 아니라 실패한 사업으로 치부하는 것이다. 둘째는 승리하는 것이다. 실체성은 승리자의 몫이다. 현실에서 실증되지 못하면 타당한 반대도 유언비어로 전락하는 것처럼, 철저하게 반대하여 사업을 무산시키면 자신들의 주장이 유언비어로 전락할 가능성을 원천봉

쇄할 수 있다. 그런데 철저하게 반대하려면 실천적 훼방을 놓아야만 한다. 그렇게 하기 위해서는 좀 더 자극적인 유언비어가 필요하다.

훼방꾼은 유언비어에 친화적이다. 사업을 무산시키는 데 성공하면 유언비어도 진실 여부를 막론하고 실체성을 확보하여 역사가 될 테니 유언비어를 아무리 남발한들 문제될 리 없다는 부정직의 함정에 빠진다. 문제는 국책사업의 무산인데, 그것이 전면적인 무산일 필요도 없다. 부분적 무력화만으로도 충분한 효과를 거둘 수 있고 유언비어의 재구성과 역사화에는 그것만으로도 충분할 수 있다.

부안방폐장 사태의 중심인 훼방꾼들 역시 십분 유언비어를 활용하고 이에 의존했다. 부안에 방폐장이 들어서면 "부안에 기형아가 나온다." "부안 사람들 모두 암에 걸린다." "부안의 농수산물 가격이 폭등한다."는 등의 자극적인 유언비어가 난무했다.

부안 방폐장사태의 전면적 무산으로 사실은 왜곡된 채 훼방꾼들은 이를 자신들의 전리품으로 자랑스럽게 역사에 기록할 수 있게 되었다. 비록 지역주민의 이익과 국민의 풍요로움과는 괴리된 것이지만 말이다. 이러한 자극적인 유언비어는 전부 사실이 아닌 것으로 뒤늦게 판명됐지만, 훼방꾼들은 사람들을 선동하고 자신들을 영웅화시키는 데 성공하여 정치권력을 얻게 되었다.

3부

환경 분야의 훼방꾼들

1장

새만금간척사업과 환경운동

환경의식 확산과 환경연대체의 출현

새만금간척사업은 1995년 노태우 정권 때 시작되어 2010년 4월 외곽시설 공사가 완공되었고, 아직 내부개발이 진행 중이다. 내부개발의 완료시점이 2020년으로 잡혀 있는 장장 30여 년에 걸친 최장·최대의 대공사다.

'새만금'은 전북의 만경평야와 김제평야의 앞 자를 따 이에 버금가는 새로운 평야라는 의미에서 이름 지었는데, 이는 만경평야와 김제평야를 합친 것만큼의 넓은 농토를 만들겠다는 취지에서였다. '새만금'이라는 이름에 걸맞게 군산시 비응도에서 출발해 고군산신

시도를 거쳐 부안군 변산면 대항리를 잇는 방조제의 길이만 무려 33km에 이른다. 그 내부개발 면적은 여의도의 140배인 4만 100ha에 달하고, 이 가운데 2만 8,300ha는 토지로, 나머지 1만 1,800ha는 담수호로 조성될 예정이다. 2010년 완공을 본 방조제를 포함한 외곽시설비로만 2조 8,000여 억 원 가까이가 투입되었다.

새만금간척사업으로 생성된 토지는 원래 농토로 활용할 예정이었다. 사업의 주관사가 농어촌공사인 것도 이 때문이다. 그러나 지금 새만금 토지는 도시와 복합산업단지 및 농토 등으로 분할하여 개발하는 것으로 점차 계획이 수정되고 있다. 장기간에 걸친 공사로 그간 경제여건과 그 필요성이 변화되었기 때문이다.

1990년대 중반쯤부터 고개를 들기 시작한 새만금간척사업에 대한 반대는 김대중 정권을 거쳐 노무현 정권 때에 이르러 정점을 찍었다. 노무현이 새만금간척사업의 재고를 공약으로 내걸고 대통령에 당선되었으므로 이즈음에 반대운동이 가장 극심해진 것은 어쩌면 당연한 일이었다. 대통령 당선 이후 노무현이 스스로 공약을 뒤엎는 입장을 취했지만 말이다.

새만금간척사업 반대세력이 강한 동력을 갖고 전국적인 여론의 호응을 불러일으킬 수 있었던 이유는 개발사업에 대한 부정적 여론의 확산 때문이다. 국책사업 내용이 합리적이지 못한 경우가 발생하다보면 개발에 대한 피로감이 쌓이고 이는 사회 전반으로 표면화되기도 한다. 그 단적인 예가 시화호로, 새만금처럼 바다를 막아 개발한 시화지구 내의 담수호인 시화호에 각종 오폐수가 적체되면서 심각한 오염현상을 보였다. 생태계가 순환하지 못하고 오염 물질이 쌓이다 보니 시화지구의 환경오염이 극심해지고 시민들은 개발사업에 대해 부정적 인식을 갖게 되었다. 이에 시화호처럼 바다를 막아 간척지를 생성하는 새만금 사업 역시 심각한 환경오염을 야기할 수 있을 것이라는 의구심이 들게 된 것이다.

또 다른 이유는 반대세력이 '환경보전'이라는 구호하에 사회적 영향력을 발휘할 수 있을 정도의 자금력과 조직력을 확보한 환경연대체를 형성할 수 있었다는 것이다. 당시 대내외적인 여건은 사회적으로 환경 분야에 관심이 쏠리고 있었다. 게다가 그들은 1998년 '동강살리기 동강댐 건설 반대투쟁'에서 자신들의 주장을 관철시키면서 환경운동의 강력함을 경험했다. 이에 고무되어 새만금 간척사업 반대세력은 2001년 3월 19일 민간단체로 구성된 환경연대체 '새만금갯벌생명평화연대'를 공식으로 발족했다.

'환경보전'이라는 명분으로 기존의 환경운동단체들은 물론 환경운동과는 무관했던 단체들까지 이에 가세하기 시작하여 당시 '새만금갯벌생명평화연대'에 이름을 올려놓은 단체는 200여 개에 달할 정도였다. 게다가 단체에 가입하지 않고 개인 자격으로 이 연대체에 참여한 사람들까지 포함하면 그 수는 어마어마했다. 새만금사업에 대한 반대 여론이 빠르게 확산되어가고, 철회와 재개를 반복하며 사업이 지리멸렬하게 된 것이 사업 추진의 불완전성 때문만은 아니었음을 짐작해 볼 수 있다.

환경연대체의 실상, 환경투쟁인가 정치투쟁인가

'환경'은 21세기 가장 큰 화두 가운데의 하나다. 기상이변이 속출하는 가운데 환경이야말로 정치의 가장 뜨거운 쟁점이라고 할 수 있다. 어느 정도 경제가 성장하게 되면, 국민은 주변을 돌아보게 되고 좀 더 쾌적한 환경을 주문하게 된다. 그래서 잘사는 사회는 깨끗해지고 환경이 좋아지게 마련이다. 실제로 잘사는 사회는 깨끗하다. 경제성장으로 환경이 깨끗해질 수 있는 여건을 만들 수 있기 때문이다. 그런 의미에서 환경운동은 경제성장의 결과로 파생된 존재다. 사실 가난한 사회에서 환경운동을 찾아보기 어렵다.

우리나라에서 인기를 얻고 있는 환경운동도 경제성장의 결과로 탄생하였다. 가난한 나라에서 환경운동이나 환경 슬로건을 내세운 정치는 힘을 얻지 못한다. 하지만 우리나라는 이제 환경이 소중하다는 인식을 가질 수 있을 정도로 경제력이 발전한 나라이다. 그래서 환경개선을 목적으로 하는 많은 단체들이 나왔다. 환경개선을 목적으로 하는 순수한 단체들도 많지만, 우리 사회에는 정치적 싸움에 몰두하는 정치 지향적 환경단체들이 여럿 나왔다.

실제로 새만금갯벌생명평화연대의 실상을 들여다보면 상당히 실망스러운 게 사실이다. 그들이 과연 '환경개선'을 최우선으로 하는 환경연대체가 맞는가 하는 의구심이 들 정도이다.

새만금갯벌생명평화연대는 환경단체들이 주축을 이루고 있다. 환경운동연합(공동대표 이시재, 사무처장 최열), 녹색연합(공동대표 박경조), 새만금간척즉각중단을위한전북사람들(상임대표 문규현), 환경과공해연구회(김정욱), 기독교환경운동연대(대표 김영락), 불교환경연대(공동대표 수경, 도법), 풀꽃세상을위한모임 등이다.

그러나 이들은 환경단체라는 명칭을 달고 있지만 대표라는 인물들의 면면을 들여다보면 사실 자연스럽게 의구심이 생긴다. 여기저기 겹치기로 대표명의를 걸고 있는 사람들이라 그들이 진짜 환경운동가인지 의심스럽다. 특히, 이 연대체의 대표인 문규현은 모두에게 잘 알려진 정치신부로서 천주교정의구현사제단(정구사)의 중심인물이다. 그의 주된 활동은 정치투쟁이며 반(反)자본주의 선동이지 환경운동은 결코 아니었다.

그들에게 있어 환경투쟁은 정치투쟁을 위한 하나의 수단이었으며, 환경투쟁이 정치투쟁보다 앞서거나 이를 넘어설 수는 없는 일이다. 원자력에 대한 반대는 환경투쟁의 중요한 핵심 가운데의 하나였지만, 이것이 남한의 핵에너지가 아닌 북한의 핵무기가 될 경우 문규현에게는 운동의 영역에서 빠지고 만다는 점에서 이를 명확히 알 수 있다.

또한 이 연대체에는 환경운동과는 아무 관련이 없는 단체들도 대거 참여하고 있다. 농민단체, 교육단체, 인권단체는 물론 심지어 여성단체들도 참여하고 있다. 이 가운데 대표적인 것이 전국농민회총연맹, 한국농어촌사회연구소, 전국교직원노동조합(전교조), 민주사회를위한변호사모임(민변), 민주화실천가족협의회, 새만금생명학회(회장 백낙청) 등이다.

이 단체들은 정치투쟁 단체들이거나 직능 이익단체들이지 환경운동 단체들이 아니다. 그들이 어떤 목적을 가지고 환경연대체에 참여했는지 살펴 볼 필요가 있다.

새만금갯벌생명평화연대가 '새만금간척사업은 반생명·반생태·반환경'이라는 기치를 내걸고 이에 반대하기 위하여 모인 연대체임은 분명하다. 그러나 그들의 주장은 환경을 개선하기보다 정치투쟁을 목적으로 하는 내용을 포함한다. 환경운동과는 관련없이 정치투쟁을 일삼아온 단체 및 인물들이 대거 참여하고 있고 그들이 연대체의 주류를 이루고 있다는 점에서 보면 그 실질적인 운동 목표가 환경이 아닌 다른 곳에 있을 것이라는 점을 추측하게 한다.

새만금간척사업은 아직 진행 중이다. 이것이 새만금갯벌생명평화연대의 주장처럼 반생명·반생태·반환경 사업인지 여부도 최종 평가하기에는 좀 더 시간이 필요하다. 하지만 그들이 자신들의 존재를 전국적으로 각인시키고 훼방의 마당에서 철수하고 난 지금 그들에게 새만금간척사업의 반생명·반생태·반환경 여부는 그다지 중요하지 않은 일이었는지도 모른다. 정치적 목적을 달성하고 난 마당에 환경은 아무래도 좋다고 여기고 있는지도 모르기 때문이다.

새만금갯벌생명평화연대의 노림수

새만금간척사업은 2020년 완공을 목표로 여전히 진행형이다. 철회되거나 무산되지 않았다. 사업이 무산되지 않고 여전히 진행 중이라는 점에서 환경연대체의 반대투쟁, 훼방은 결과만 놓고 보면 실패했다고 할 수 있다.

하지만 새만금간척사업과 관련하여 환경연대체가 거둔 정치적 전과는 화려하다. 사업을 무산시키지는 못했지만, 새만금갯벌생명평화연대는 전국적으로 자신들의 존재를 시민들에게 알리고 각인시키는 데에는 그 어떤 훼방운동보다 성공했다. 어쩌면 전면적 사업 중단이 그들의 목적이 아니었는지도 모른다. 전국적인 지지 세력을 확보하고 이를 정치적 자산으로 이용해 정부를 압박하는 것으로 그들은 많은 것을 얻었다. 또한 정치적으로 그들의 권력과 영향력이 한층 높아졌고, 사회적으로 지지층의 확장을 꾀할 수 있게 되었다.

정치투쟁이라는 측면에서 보면 새만금 반대는 성공한 투쟁이며 훼방임에 분명하다. 더구나 그 투쟁과정에서 수많은 유언비어를 남발하고 이에 의존했다 하더라도, 정치적 명분을 얻어낸 만큼 사람들에게 그 유언비어들은 유언비어로 취급받지 않고 마치 사실인 것처럼 포장할 수 있게 되었다.

2장

또 하나의 간척사업

"철새의 이동경로여서 새와 비행기가 충돌한다."

인천국제공항은 새만금간척사업과 마찬가지로 노태우 정권에서부터 추진되었던 사업이다. 논의가 시작된 것은 1980년대 중반으로, 1990년대 중반에 들어서면 김포공항의 수용능력이 한계에 봉착하게 될 것으로 내다보고 이에 대한 대안으로 출발했다. 당시 김포공항을 확장하는 안과 신공항 건설이라는 두 가지 안을 놓고 검토했는데, 김포공항은 주변에 장애구릉(계양산)과 10만 호가 넘는 주택가가 이미 형성되어 있어 확장이 불가능했으므로 인천 영종도에 신공항을 건설하는 쪽으로 최종 결정이 났다.

1992년 기반공사가 시작되었고, 2000년 6월 기본시설 준공을 마친 후 2001년 3월 개항했다. 세계적 규모의 국제공항으로, 국제공항협회(AIC)가 실시하는 공항서비스 평가에서 2005년 이후 8년 연속 1위를 차지할 정도로 성공적인 면모를 보이고 있다.

인천국제공항은 새만금간척사업과 마찬가지로 갯벌을 막아 부지를 조성하고 그 위에 공항을 건설한 경우다. 따라서 새만금간척사업과 마찬가지로 환경 단체의 극심한 반대에 부딪혀야 했다. 새만금간척사업의 경우 바다를 막아 부지를 조성한다는 이유로 생태계 파괴와 심중한 환경오염이 우려된다는 반대의 목소리가 드셌는데, 인천국제공항의 경우에도 같은 논리의 반대 주장이 극심했다. 더구나 새만금과는 달리 조성된 부지의 목적이 공항건설이라는 한 가지로 뚜렷했기 때문에 반대의 소리가 더 기승을 부렸던 것으로 보인다.

인천국제공항은 바다를 막아 조성된 간척지 위에 건설되어 바다로부터 밀려오는 해일의 위협이 있고, 무엇보다도 지반이 약해 지반침하의 고위험이 있다는 주장이 나왔다. 수도권의 서쪽 끝에 위치하고 있어 서울은 물론 전국적으로 접근성이 너무 취약하며, 이런 조건에서 동북아 허브 공항은 어림없는 꿈이라고도 했다. 세계 최고로 평가받는 시카고 오헤어 공항에 비해 두 배 정도 면적의 공항을 조성한다는 것은 수지타산이 맞지 않는 일이므로 규모를 반으로 줄여

쓸데없는 예산낭비를 막고 재정을 보전해야 한다고도 했다.

새만금간척사업과 마찬가지로 아주 감성적인 반대의 소리도 컸다. 이건 개발 필요성에 맞서는 일종의 환경미학이라고 할 수 있는데, 이러한 환경미학이야말로 다른 어떤 반대의 논리보다도 시민들에게 감성적 호소력이 컸다. 새만금간척사업 반대가 1996년부터 본격화되었다는 점에서 1992년부터 2년여에 걸쳐 반대의 목소리에 시달려야 했던 인천국제공항의 경우 이 점에서는 먼저 겪어야 했던 문제들이었다.

"영종도는 철새의 대이동경로여서 새와 비행기가 충돌한다." "10만 마리가 넘는 철새도래지인데, 영종도 공항 건설로 이제 새들이 날아 들어오지 않게 된다." "국제 보호새인 쇠청마루도요새와 노랑부리백로의 서식지가 파괴된다." "갯벌이 사라지고 생태계가 교란되며 갯벌에 사는 어류가 모두 폐사한다."

이렇듯 인천국제공항 건설 사업 반대 세력은 단지 목소리만 낸 것이 아니라 적극적인 훼방에 나서기 시작했다. 각종 성명서를 발표하고 조직적인 집단행동에 나섰으며 자신들의 주장에 정치적 힘을 실었다. 외국의 유명 환경단체를 이용한 세미나를 통해 정부를 압박하기도 했다.

개발의 필요성은 환경단체들이 딴지 걸고 나서면 애매모호해지게 마련이다. 꼭 개발할 필요가 있는지 헷갈리게 되고, 그 헷갈림 속으로 개발의 피로감이 흘러들이오게 된다. 피로감이 사회에 만연하면 그 개발은 무산될 수도 있는 일이다. 국책사업이라고 해서 예외가 아니다.

개발이 필요했는지 아닌지는 그 건설공사가 끝나고 나서야 최종적으로 판단 가능하다. 공사가 완공되고 그 결과가 매우 성공적이라면 그 개발은 마땅히 필요한 일이었다고 할 것이다. 개발에 반대한 사람들의 논리는 그때에야 실체가 밝혀지며 일종의 유언비어로 전락하고 훼방꾼의 면모가 드러난다.

인천국제공항은 그 결과가 아주 성공적이다. 개항 이후 승승장구하고 있고 명실상부한 동북아 허브 공항으로서의 면모를 갖추어가고 있기 때문이다. 인천국제공항의 성공은 반대자들의 목소리들을 모두 유언비어로 돌려놓는다. 환경문제, 즉 철새와 갯벌과 어류의 멸종이라는 주장을 포함해 어느 것 하나 맞지 않았으므로 이는 당연한 결과다.

결과적으로 인천국제공항 사업은 성공했지만, 이 사태를 보면서 명심해야 할 것은 국책사업이 성공하든 실패하든 이에 저항하는 환경미학은 논리의 틈새를 교묘히 파고들어 이성적 판단을 교란한다는 것이다. 훼방꾼들이 환경이니 생태니 하면서 논하는 환경미학은 단순히 환경보전을 위한 것이라고 선불리 판단할 것이 아니라, 그 정치적 속셈을 간파하고 경계해야 할 것이다.

'환경'과 '정의'라는 가면

인천국제공항 건설반대를 주도한 중심세력은 '영종도신공항문제대책협의회(영종도공대위)'였다. 단일 단체가 아니고 여러 단체들의 연대체이다. 그중에서 주도적 역할을 한 것이 '공해추방운동연합(공추련)'이다. 생소한 단체처럼 들리지만 공추련의 의장은 최열로, 후에 태동하는 '환경운동연합'의 전신이다. 그밖에 '환경과공해연구회' '경제정의실천시민연합(경실련)' 등이 인천국제공항 건설 반대운동에 적극 가담했다.

영종도신공항대책협의회의 의장은 김정욱 서울대 교수다. 환경과공해연구회의 회장이기도 한 김정욱은 최열과 마찬가지로 새만금간척사업 반대운동에도 중심적으로 나선 인물이었다. 환경 이슈라면 이들이 맨 앞에 나섰음을 볼 수 있다. 국책사업에 대한 반대 논리로서 환경 이슈를 개발한 핵심적 반대론자임을 파악할 수 있다.

반대운동에 참여한 단체들의 면면에서 짐작할 수 있듯 인천국제공항 건설 반대는 '환경'과 '정의'를 앞세웠다. 한쪽에서는 최열과 김정욱이 이끄는 환경단체들이 대거 참여하고 있고 다른 한쪽에 경실련이 진을 치고 있었다.

사실 경제정의라는 반대논리는 일찍부터 국책사업의 반대론자들에게서 개발된 논리다. '정의'라는 관점에서 인천국제공항 건설을 문제 삼고 이에 제동을 거는 것은 새삼스러울 게 없는 일이다. 그것은 대한민국 건국을 반대했을 때부터 훼방꾼들의 상투적 명분이었다. 그러나 생태계의 존속이나 갯벌 보호, 철새 도래지 등 환경문제를 문제 삼으며 국책사업에 반대의 기치를 내걸기 시작한 건 1990년대에 들어와서부터였으므로 비교적 최근에 나타난 현상이라고 할 수 있다. 인천국제공항 건설 반대 당시에는 아직 환경운동연합이 태동하고 있지 않았다는 점도 이를 증명한다.

'정의'라는 논지가 1990년대에 들어 어느 정도 진부해진 것은 사실이다. 사회가 상당히 다원적인 양태로 진입하고 있었기 때문이다. 게다가 '정의'라는 잣대는 정치적 접근이라는 실상을 쉽사리 드러내 보일 여지가 있었다. '정의'의 문제는 '정치'와 밀접히 관련되며, 이런 정치적 반대운동은 이제 다원적 시민사회의 호응을 얻기에는 역부족이었다.

1990년대로 들어서면서 산업발전의 훼방꾼들이 대거 '환경'이라는 이슈 아래 환경운동 분야에 몰리고 있는데, 이러한 사정을 감지했기 때문으로 보인다. '환경' 문제는 정치투쟁을 생활이나 건강운동으로 희석시키기에 안성맞춤이었고, 이것이 세계적인 추세이기도 했다.

1990년대가 국책사업 훼방꾼들의 중심 영역이 환경 쪽으로 넘어가는 시점임은 여러 사건을 통해 엿볼 수 있다. 인천국제공항 건설 반대 역시 그런 중심축의 이동과정에서 초창기 역량을 확보해가는 환경 관련 반대운동 중의 하나였다고 할 수 있을 것이다. 훼방꾼들이 환경운동을 결집할 수 있는 계기를 마련한 곳이기 때문이다.

인천국제공항이 그들의 주장과는 사뭇 다른 양상을 보이고 있다 하더라도, 훼방꾼들은 결코 자신들의 논리적 잘못을 인정하지 않는다. 환경 이슈는 그것이 사실이 아닌 것임을 확인하게 되는 결과가 나오게 되더라도 환경절대주의라는 이념으로 사회적 비판을 회피할 수 있는 분야이기 때문이다. 이제 환경 이슈는 진정한 환경보전을 위한 것이 아니라 하나의 이념으로 변질되었으며, 비판의 사각지대로 음습한 성역이 되어 가고 있다.

청계천과 4대강사업

환경개선사업과 관련해 정치적 싸움이 매우 치열했다. 정치인들도 환경이슈를 선점하고자 했다. 그 중심에 이명박 전 대통령이 추진했던 청계천복원사업과 4대강사업이 있었다.

청계천복원사업은 이명박이 서울 시장이었던 당시에 추진했던 환경사업으로 많은 정치적 반대에도 불구하고 현재는 성공한 사업으로 평가받고 있다. 청계천복원사업은 대표적인 환경복원사업 가운데 하나로 시민들의 호응이 컸다. 청계천 이외에도 서울에는 여러 하천이 있다. 양재천, 안양천 등 많은 하천이 공원화되었으며, 주민들은 깨끗해진 하천에 대해 긍정적인 반응을 보였다. 이로써 이명박은 청계천 환경개선사업을 통해 정치적 지지를 얻는 데 성공한 정치인이 되었다.

이명박이 현대건설 CEO 출신으로 개발과 토목사업의 주역이라는 이미지가 강해 청계천복원사업 역시 개발논리에 치우친 토목사업이라는 오해를 산 측면이 처음에는 부각되었지만, 실제 이 사업의 결과가 드러나면서 서울시민들의 호응은 뜨거울 정도로 호의적으로 바뀌었다. 깨끗한 하천이 도심 가운데 하천공원으로 재탄생하면서 수많은 시민들이 하천을 찾아 즐기게 되었다.

결과적으로 청계천복원은 개발과 환경이 잘 조화된 성공한 환경사업이라고 할 수 있다. 자연적으로 물이 흐르지 않아 인공으로 물을 흘려보내야 하니 그 비용이 만만찮고 녹조현상이 심각하다며 정치적으로 폄하하는 비판론자들의 주장이 있긴 했지만 괜한 트집에 불과했다. 현재 청계천은 시민 누구나 찾는 친환경 하천 휴식공간으로 모두에게 큰 혜택을 주고 있다. 이명박이 이후 청계천 인기에 힘입어 대통령에 당선될 수 있었다는 점에서도 청계천복원사업이 잘된 환경사업임을 알 수 있다.

청계천 개선사업으로 인기를 얻은 이명박은 4대강을 깨끗이 청소하고 공원화하겠다고 나섰다. 사업의 규모가 커진 것이다. 4대강사업 역시 환경개선사업의 일환으로 추진되었다. 강바닥에 쌓인 쓰레기 및 퇴적물들을 청소하고 강 유속의 원활화와 일정한 강 높이를 확보하기 위한 사업이었다. 여기서 핵심적인 것은 오염된 4대강의 탈오염화였다.

하지만 청계천에서 환경이슈를 이명박에게 넘겨준 반대세력은 4대강에서는 사활을 건 정치투쟁에 몰두했다. 훼방꾼들은 4대강사업이 환경을 파괴한다는 증거를 만들기 위해 모든 역량을 기울였다. 4대강 사업이 오염된 강을 탈오염의 깨끗한 강으로 복원시키는 것에 성공했다고 하더라도 훼방꾼이 만들어낸 증거들은 4대강으로 인해 환경이 오히려 더욱 악화되었다는 이미지를 국민에게 심는 데 집중되었다.

4대강사업을 임기 내에 동시에 추진한 이명박 정부에게도 문제가 있었다. 속전속결로 일을 추진하고 마무리를 짓는 바람에 개발논리에 입각한 토목사업으로 오인할 여지를 남겨놓았던 것이다. 4대강 모두를 일시에 추진하기보다 국민에게 그 효과를 보여주면서 추진하였다면 4대강 사업에 대한 훼방꾼의 논리는 국민에게 통하기 어려웠을 것이다.

4대강사업이 끝난 지 얼마 되지 않았기 때문에 이에 대한 평가는 여전히 엇갈리고 있다. 그러나 적어도 한 가지 분명한 사실은 4대강의 환경은 개선되었으며, 환경단체들이 주장하는 것처럼 더 악화된 것은 아니라는 사실이다.

훼방꾼의 방어기제, '감정'에 호소하기

훼방꾼들은 단순한 존재가 아니다. 훼방꾼들 자신이 반대한 사업이 그들의 주장과는 다르게 성공하고 있는 현실을 접하고 이를 받아들여 그들의 주장이 잘못되었음을 인정하고 철회한다면 더 이상의 문제는 없다. 또한 복잡한 존재 방식을 설명할 필요도 없다. 그러나 훼방꾼들은 결코 그렇게 하지 않고 잘못된 주장도 철회하지 않는다.

훼방꾼으로 남기 위해서 훼방꾼들에게는 방어기제가 필요하다. 그들의 주장이 틀렸다는 게 입증되더라도 끝까지 그들을 변호해 줄 방어기제, 즉 억지 근거가 필요하다. 수많은 패배의 경험과 실패에서 나름대로 갈고닦은 생존본능이라고 할 수 있다.

훼방꾼들의 방어기제는 바로 감정에 호소하는 것이다. 감정에 호소하기 시작하면 그들의 주장이 비록 유명무실화되고 잘못된 것으로 판명 나 유언비어였음이 드러난다 하더라도, 또다시 자신들의 주장을 반복하면서 살아남을 수 있고 기억에서 잊혀지지 않을 수 있다. 심지어 사실을 왜곡하는 데 성공한 역사가 될 수도 있다.

사람들의 감정에 호소하는 것은 이성적 판단을 흐려 왜곡된 사실이 진실을 압도하는 일이 일어나기도 하는 것이 현실이다. 진실이 어디에 있는지 몹시 애매하고 헷갈리는 경우에는 더욱 그렇다. 이는 복잡한 현상을 쉽게 판단하기 어려운 현장에서 흔히 일어나는 일이다. 감정에 동요가 일어나면 선동하기는 한층 더 수월해지고, 이는 집단적인 반대를 이끌어내게 되는 것이다.

훼방꾼들이 감정에 호소하기 위해 이용한 것은 바로 '환경' 분야다. 생태, 철새, 갯벌, 도롱뇽 같은 것들이다. 그들은 개발을 하면 환경이 파괴되는 것처럼 말을 만들어낸다. 보다 자극적인 말을 인용하여 환경이 위협받게 될 것이라고 경고한다. 훼방꾼들의 목소리가 여론을 압도하면, 우리는 자라나는 세대에게 이 왜곡된 사실을 역사로 가르쳐야 할지도 모른다. 깨끗해진 청계천, 국제적으로 높은 평가를 받는 인천국제공항이나 새만금간척사업의 성공적인 모습은 우리의 기억 속에서 묻히고, 훼방꾼들이 감정에 호소하면서 만들어낸 왜곡된 사례만이 다음 세대의 기억 속에 남게 될지도 모른다.

4부

한미FTA와 광우병사태

1장

어떻게 시작되었나

한미 자유무역협정(FTA)은 사실 노무현 정권에서 추진한 사업이었다. 잘 알려져 있다시피 노무현은 우리 사회 내 비판 세력의 전폭적인 지지를 업고 대통령에 당선된 인물이었다.

그런 노무현 정권이 한미FTA를 적극 추진했다는 것은 사실 의외였다. 노무현 자신이 몹시 의외성이 강한 인물이어서 그러려니 할 수도 있는 문제이지만, 아마도 반미주의 정권이라는 비판에 크게 부담을 느꼈기 때문이 아닐까 추측할 수 있다. 당시 미국의 부시 대통령과의 관계가 최악으로 치닫고 있었다는 점을 고려한다면, 한미관계의 파국만큼은 막아야 한다는 현실적 이유가 작용한 것으로 보인다.

노무현 정권 때에도 한미FTA에 대한 반대의 목소리는 상당했다. 노무현 지지층의 상당수가 지지를 철회하겠다는 엄포를 놓기도 했는데, 이런 엄포에 대한 노무현의 반응은 이랬다. "한국의 진보주의자들은 폐쇄적 망상 속에 살고 있고 현실에 눈을 떠야 한다."

한미FTA는 노무현 정권에서 사실상 타결이 된 상태였다. 2007년 4월 타결에 합의를 보았고, 미국 측 요구사항인 쇠고기 수입 문제에 대해서는 노무현이 "국제적 기준에 따라 쇠고기 시장을 개방하겠다."는 구두 약속을 미국 측에 전달했기 때문이다. 노무현이 이 약속을 실행에 옮기기만 하면 됐는데 대선이 이명박 후보의 승리로 돌아가면서 이를 다음 정권에 미뤘다.

이명박 정권은 노무현이 국제 기준에 따라 미국산 쇠고기를 수입하겠다고 했던 그 구두 약속을 실행에 옮긴 것뿐이라고도 할 수 있다. 걸림돌이던 미국산 쇠고기 수입 문제가 노무현의 구두 약속과 이명박 정권의 이행에 의하여 해결되었으므로 2008년 4월 한미 쇠고기 협상은 무리 없이 타결되었다.

이명박 정권은 한미FTA의 타결을 실행에 옮겼다. 아마도 전 정권에서 추진한 사업이라 연속성을 고려해야 했고, 더구나 국가 간 신뢰를 생각해야 하는 외교 사안이란 측면에서 간단히 생각했을 것이다. 비판세력도 국민인데 이를 문제시하리라고 생각하지 않았을 것이다. 하지만 이것은 이명박 정권을 무력화시킬 정도의 엄청난 저항을 일으키는 기폭제가 되었다.

이명박 정권은 노무현 정권 당시에도 비판세력들이 노무현에 대한 지지를 철회하겠다는 엄포를 놓으면서까지 강하게 저항했던 사실을 신중하게 고려하지 않았다. 게다가 노무현이 쇠고기 수입과 관련한 자신의 구두 약속을 왜 실천하지 않고 미루었는지에 대한 충분한 검토 없이 실행에 옮겼다. 그리고 미선, 효순이 사건 이후 10여 년에 걸쳐 한국사회의 반미주의가 증폭되고 팽배되어 우리 사회 요소요소에 자리 잡고 있었다는 사정과 정권을 넘겨준 것에 대한 분노가 얼마나 컸는지를 충분히 고려하지 않았다.

이처럼 이명박 정권이 정치적 요소들을 감안해 정치력을 발휘하지 못한 점은 아쉬움이 크다. 광우병사태는 정권을 위협할 정도로 엄청났다. 10년에 걸쳐 구축된 반미 세력이 주도하고 정권 교체에 대한 반발 심리가 더해지면서 저항운동은 폭발적으로 커졌고 이명박 정권을 순식간에 무력화시켰다. 치안이 무너졌고, 거리는 폭력으로 얼룩졌다. 대한민국의 민주주의가 뿌리째 흔들린 순간이었다.

사실 비판세력은 노무현 정권 때부터 일관되게 한미FTA를 반대하고 있었다. 이명박 정권 들어서 노무현 지지자들이 대거 반대투쟁에 참여함으로써 그 세가 크게 확장되고 극렬해졌다고는 하지만 이러한 반대는 예상된 것이었다. 반대투쟁이 시민들의 지지를 받으면서 전국적인 양상을 띠게 된 것에 대해 당시 정치권의 정치력 부재를 지적하지 않을 수 없다.

한미FTA 반대투쟁이 '광우병사태'라는 말 그대로 엄청난 '사태'로 증폭된 데에는 언론과 방송의 영향이 절대적으로 컸다. 특히 MBC의 역할이 컸다. 반대투쟁이 진행되는 내내 정치적 시민단체들은 끊임없이 유언비어를 양산하고 이를 살포했다. 소셜 네트워크를 활용해 끊임없이 근거 없는 유언비어가 퍼져나가고 있었다. 그들은 그것이 정말로 사실이라고 믿을 정도로 이성을 잃었고, 그런 광적인 혼란상태는 반대투쟁의 동력 역할을 하기에 충분했다. 그러나 그것은 아직 수면 아래의 일이었고 수면 위로 나와 그 유효성과 실체성을 인정받고 있지는 못했다. 하지만 그 유언비어들이 SNS상에 남아 그들만의 커뮤니케이션으로 머무는 한, 실상 그것들은 그다지 위험한 것은 아니었다. 이는 사회적으로 충분히 정화해 더 이상 심각해지지 않게 헛소문일 뿐이라고 잠재울 수 있는 일이었다.

그러나 공영방송을 자처하는 MBC가 유언비어 유포과정에 끼어들기 시작하면서 양상은 완전히 뒤바뀌게 된다. MBC 〈PD수첩〉은 아레사 빈슨이라는 미국인 환자의 사망을 취재한 영상을 내보내면서, 그 여자가 수술을 집도한 미국의 의사들과 미 보건국으로부터 인간광우병(vCJD)에 걸려 사망한 게 아니냐는 강력한 의구심을 받고 있다고 전했다. 주저앉는 소의 영상을 내보내면서 이것이 광우병에 걸린 소의 영상이라는 자막을 함께 내보내기까지 했다.

그러나 MBC 〈PD수첩〉의 이와 같은 보도는 사실과 거리가 먼 것이었다. 아레사 빈슨은 인간광우병이 아니라 CJD라는 크로이펠츠-야콥슨병에 걸렸다는 의심을 받고 있었고, 실제로 그녀의 사망 원인은 인간광우병과는 관계가 없는 것으로 판명이 났다. 주저앉는 소의 영상 역시 광우병에 걸린 소가 아닌 다우너 병에 걸린 소의 영상을 짜깁기해 보여준 것으로 드러났다. 후에 법원은 이에 대하여 MBC 측에 정정보도를 하도록 판결했고, MBC는 이를 받아들였다.

어쨌거나 MBC가 〈PD수첩〉을 통하여 한미FTA 반대투쟁 측의 유언비어를 마치 사실인 것처럼 보도함으로써 한미FTA 반대는 '광우병 사태'라는 전무후무한 사태로 발전해 나가게 된다.

시민들이 대거 거리로 뛰쳐나와 촛불과 피켓을 들고서 미국산 쇠고기의 수입을 반대하는 운동에 적극 참여하게 된다. 가정주부가 유모차를 끌고 데모대에 나와 시위를 벌이는 반인륜적 상황이 전개되었다. 이성이 마비된 순간이었다. 중고등학생들까지 거리로 뛰쳐나와 전의경들과 대치하는 상황이 벌어졌다.

시민들은 건강권을 지켜야 할 이명박 정권이 미국의 광우병 걸린

소를 수입하려 한다며 성토했다. '뇌 송송 구멍 탁'이라는 구호가 유행하기 시작했고, 어린 학생들은 광우병에 걸려 죽기 싫다고 하면서 마구잡이로 정부와 사회에 대한 원망의 언사들을 퍼부어대기 시작했다.

"한국인은 MM형 유전자를 지니고 있어 특별히 광우병에 걸릴 확률이 세계 그 어떤 국민들보다도 높다."는 황당한 얘기까지 나왔다. 정작 이 MM형 유전자에 관한 논문을 썼던 한림대의 모 교수가 자신은 그런 의미에서 쓴 논문이 아니라고 부정하였음에도 불구하고 이 유언비어는 걷잡을 수 없을 만큼 삽시간에 퍼져 나가 시민들의 광우병에 대한 불안감을 한층 증폭시켰다.

이 모든 것은 사실이 아닌 유언비어에서 시작되었다. 한국인이 특별히 광우병에 취약한 게 아니었고, 미국산 쇠고기를 수입해 먹어도 광우병에 걸릴 가능성은 없었다. 그럼에도 불구하고 광우병과 관련한 근거 없는 소문들은 급속도로 퍼지면서 미국산 쇠고기 수입을 반대하는 거대한 저항을 불러일으켜 이를 활화산처럼 활활 타오르게 했다.

2장
반미투쟁에 함몰된 훼방꾼들

광우병사태를 주도한 것은 '광우병국민대책회의'라는 단체였다. 이 역시 환경 연대체처럼 단일 단체가 아니라 여러 단체들이 연합한 공동 연대체였다. 이 광우병국민대책회의라는 공동 단체에 이름을 올려놓고 있는 단체가 무려 1500여 개에 달했다. 그 가운데 이 연대체를 실질적으로 주도한 것은 진보연대, 참여연대, 민노당, 민주노총 등 4개 단체였다.

그들의 면면을 살펴보면 대체로 반자본주의 기치를 내걸고 정치활동을 주로 하는 단체들임을 알 수 있다. 광우병국민대책회의를 주도한 단체들에 초점을 맞추면 광우병 사태가 본래 어떤 목적을 지니고 진행된 것인지를 대강 짐작할 수 있다.

또한 진보연대는 17대 대선과정에서 급조된 좌익 연대체로 전형적인 반정부 반지본주의 투쟁을 위한 정치집단이었다. 그런데 진보연대라는 단체가 광우병 사태의 최전선에 서서 이를 이끌고 있었으니, 표면적으로는 '국민건강문제'라는 슬로건을 달고 있었기는 하지만 그들의 실질적 목적은 반정부 투쟁에 있었음을 감지할 수 있다. 진보연대는 "이명박 정부를 주저앉히는 게 진정한 목표"라는 목소리를 공공연히 내기도 했다.

진보연대를 이끈 인물들을 보면 이 점이 더욱 분명해진다. 공동대표가 오종렬과 한상렬이었고, 상임집행위원장에 박석운, 대외협력위원장에 한용진이 있었다. 오종렬이나 한상렬은 친북을 넘어 종북적 입장을 공공연히 표명해온 것으로 뒤늦게 드러났다.

그러나 광우병국민대책회의라는 공동연대체보다도 광우병사태가 일어나는 데 가장 크게 기여한 단체는 다름 아닌 공영방송을 자칭하는 MBC였다. MBC야말로 수면 아래에서만 떠돌던 유언비어들을 수면 위로 끌어내어 실체화한 장본인이기 때문이다.

MBC 전체가 그 책임에서 자유로울 수 없지만, 그중에서도 직접적으로 허위보도에 나선 〈PD수첩〉이 광우병사태의 실질적 원인 제공자임을 명기할 필요가 있다. 당시 〈PD수첩〉의 진행자였던 송인준 부국장, CP 조능희, PD 김보슬·이춘근이 대표적 인물이다.

〈PD수첩〉의 잘못된 보도가 아니었다면, 한미FTA 반대투쟁은 광우병사태라는 초유의 사회혼란 상태로 발전하지 않았을 것이다. 말하자면, 애초에 시작되었던 것처럼 비판세력의 반정부투쟁이라는 성격을 벗어나지 않은 채 그 언저리쯤에서 해소되고 마감되었을 것이다.

광우병사태는 여름이 지나면서부터는 차츰 진정이 되어 갔다. 유언비어의 실체를 밝히려는 유명·무명의 양식 있는 사람들의 노력들이 진전을 보이기 시작하면서, MBC 〈PD수첩〉 보도내용이 허위였다는 것을 사람들이 어렴풋이나마 이해하고 실체 없는 유언비어에 부화뇌동하고 있었음을 알기 시작했기 때문이다.

이즈음부터 한미FTA에 반대하는 반미주의자들의 단체 행동과 시민들의 행동이 엇갈리게 된다. 한미FTA 반대 세력은 원천적으로 한미FTA를 무산시키고 이를 바탕으로 하여 이명박 정권을 끝장내는 게 목적이었던 반면 일반시민들의 관심과 목적은 오직 시민건강의 확보였기 때문이다. 미국산 쇠고기 수입으로 건강이 침해된다고 믿고 행동에 나섰던 시민들은 이 주장들이 근거 없는 낭설이요 유언비어임을 파악하면서 자연스럽게 반대운동으로부터 벗어나와 이와는 거리를 두게 되었다.

사실이 드러나고 유언비어가 동력을 잃어가는 마당에 한미FTA 반대 세력은 더는 본색을 숨기기가 어려워졌다. 본색이 드러나면서 시민들은 그들로부터 멀어질 수밖에 없었다. 광우병사태는 시민들에게는 건강의 문제였지 결코 정치의 문제가 아니었기 때문이다.

오늘날 사람들은 광우병사태를 근거 없는 유언비어에 선동되어 모두가 파국으로 치닫고 말았던 광기의 사태쯤으로 이해한다. 이런 이해에는 광우병사태에 대한 반성적 성찰이 밑바탕에 깔려 있으며, 유언비어에 흔들린 우리 언론과 지식층의 빈약한 지적 수준의 보완이 필요하다는 데에 의견을 같이한다.

그러나 일부 사람들은 광우병사태를 건강 이슈가 사회운동의 핵심적 이슈로 자리 잡게 된 계기가 된 사태라고 이해하기도 한다. 일부 비판세력은 이를 시민혁명으로 이해하고 있고, 혹자는 반(反)이명박 세력의 실패로 끝난 쿠데타였다고 규정짓고 있기도 하다. 광우병사태에 대한 규정은 정치세력에 따라 다른 시각으로 드러나기도 한다. 하지만 누가 어떤 식으로 규정하든 간에 광우병사태는 훼방꾼들이 만들어 낸 유언비어에 현혹되어 국가 전체가 흔들린 초유의 사태였음을 부정할 수 없다.

3장

MBC가 키운 광우병사태

광우병사태가 남긴 가장 큰 후유증은 유언비어에 취약한 구조를 지닌 우리 사회의 실상이다. 과학적 근거가 없는 유언비어들이 사실처럼 단정되어 무수한 시민들을 거리로 내몰고 분노에 휩싸이게 했다는 사실은 지금이나 그때나 놀라지 않을 수가 없는 일이다.

그러나 이는 우리 사회에서만 특별히 일어나는 일은 아니다. 어떤 조건만 충족되면 그것은 어느 사회에서나 일어날 수 있다. 유언비어가 사회적으로 공신력 있는 인물이나, 특히 단체에 의하여 사실처럼 승인되기만 하면 광우병사태와 같은 일은 꼭 우리나라에서뿐만 아니라 어디서든 일어날 수 있는 일인 것이다. 과거 일본에서 동경대지진이 발생하자 그 책임을 조선인에게 덮어씌웠던 것이나 나치 정권이 유대인 대학살을 자행한 것도 비슷한 유형의 사태라고 볼 수 있다.

광우병사태의 경우 그 유언비어를 사실인 것처럼 만든 공신력 있는 단체가 다름 아닌 공영방송을 자처한 MBC였다는 것은, 우리 사회의 언론이 얼마나 지적으로 취약한 구조에 빠져 있었는지를 드러낸다. MBC가 왜 유언비어를 사실로 둔갑시킬 이유와 필요성을 갖게 되었는지에 대해서는 여전히 의문이 남는다. 이는 우리 사회가 분명히 인식하고 이런 잘못된 일이 다시 일어나지 않도록 고치고 넘어가야 할 일임이 틀림없다.

물론 광우병사태에 있어 유언비어를 사실화하는 작업에 나섰던 공신력 있는 인물이나 단체가 MBC에 국한된 것은 아니다. 전문가 집단이라고 하는 교수나 지식인들이 이런 유언비어의 사실화 작업에 대거 참여하고 있었다. 그러나 그들의 경우 공영방송을 자처하는 MBC와는 달리 그런 조작을 감행하는 정치적 이유가 비교적 분명하고 MBC만큼 파급력이 크지는 않았다. 사실 그들은 자신들의 이념을 위해 그러한 작업에 적극 참여했고, 이는 광우병 사태에서만 드러났던 문제는 아니라는 점은 천안함 사태 등을 통해 알 수 있다.

유언비어가 공신력 있는 인물이나 단체에 의하여 그 사실성을 인정받으면 그 순간부터 유언비어는 실체화되고 폭발력을 갖게 된다.

그 인물이나 단체의 공신력이 크면 클수록 유언비어의 실체성이 커지고, 실제 영향력도 확대된다. 실체화한 유언비어는 곧 권력이 되어 이것이 가짜라는 증언이나 증거는 이미 현실에서 인정받지 못한 채 외면당한다.

다행히도 광우병사태는 그 유언비어의 동력이 아주 강하긴 하였지만 궁극적으로 실체성을 획득하는 데까지 성공하지는 못했다. 실상을 알리고자 하는 지성인들의 적극적 노력과 올바름을 받아들일 수 있는 우리 사회 구성원의 이성과 정직함 덕분이다.

하지만 광우병사태가 극에 달했던 2008년 4월부터 한 3~4개월여 동안 유언비어가 과학을 압도하고 실체로서 우리 사회를 지배하고 있었다는 것은 숨길 수 없는 사실이다. 이는 분명 심각한 집단적 이성마비의 경험이었고, 우리 사회가 풀어야 할 큰 과제를 남긴 일이었음이 틀림없다.

광우병사태가 한창이었던 때 연예인들의 발언을 되돌아보면, 확인되지 않은 유언비어를 자극적인 말로 퍼뜨렸던 것을 알 수 있다. 광우병 유언비어에 관한 연예인들의 자극적인 발언은 각종 SNS를 통해서 마구 퍼져나갔다. 연예인들이 어린 학생들에게 미치는 영향력이 엄청나다는 것은 누구나 알 수 있는 사실이다. 연예인들 자신도 이를 잘 알고 있다. 그럼에도 몇몇 연예인들은 신중하게 생각하지 않은 채 유언비어를 받아들이고 전파했다. 결국 유언비어는 이들에 의해 더욱 확대 재생산되며 기정사실화되었다. 어린 학생들의 특성상 이를 그대로 받아들인 것은 당연하다. 사회적 영향력이 큰 연예인의 언행이 잘못될 경우 그 부작용은 상당하다. 이러한 사태를 보면 어린 여학생이 "나 이제 겨우 열네 살이에요. 죽고 싶지 않아요. 광우병 소 아웃"이라는 피켓을 들고 거리로 나온 까닭을 대강 짐작해 볼 수 있다.

4장

훼방꾼의 새로운 먹잇감: 건강

어떤 정치투쟁이든 '정의'라는 명분이 기반이 되어야 한다. 정의라는 명분에 기대지 않고는 어떤 정치투쟁도 그 투쟁에서 승리할 수 없기 때문이다. 이 점을 잘 알고 있는 반대 세력들은 항상 '정의'라는 말을 활용해 스스로를 포장하고 이에 기댄다. 실제로 그들이 정의로운가 하는 것은 중요하지 않다. 실제로는 정의롭지 않다 하더라도 정의라는 명분에 기대지 않고는 투쟁이 유명무실해진다는 점이 중요할 뿐이다. 천주교 내의 정치집단인 사제단의 명칭이 '정의구현사제단'인 이유가 여기에 있다. '정의'가 아니고서는 그들이 정치투쟁을 하는 명분이 서지 않기 때문이다.

그러나 정치투쟁이 성공하기 위해서는 정의만으로는 부족하다. 정치투쟁이 일상화·습관화를 넘어 형해화(形骸化)·유명무실화되어

갈수록 더욱 그렇다. 1990년대 우리나라 비판세력의 정치투쟁은 습관화를 넘어 형해화의 양상을 보이고 있다. 1987년 평화로운 정권교체 이후 민주주의와 정의라는 명분은 소진되고, 우리 사회도 눈부신 발전을 거듭해 다원적 사회로 나아갔기 때문이다.

이러한 상황에서 비판세력의 정치투쟁 전술은 '정의'보다 '미학'을 더 중요시하게 되었다. '정의'가 정치적 명분이라면 '미학'은 명분에 동력을 부여하는 에너지와 같은 것이라 할 수 있다. 정의가 일상화·습관화되어 형해화되어버리면 여기에 동력을 부여할 '미학'이 더욱 절실해질 수밖에 없는 법이다.

국책사업의 훼방꾼들이 1990년대에 들어와서 찾아낸 '미학'은 '환경'이었다. 1990년대에 환경이라는 미학을 찾아내면서 반핵반전(反核反戰)을 외치고 생태계 보호를 주장하게 되었던 것이다. 2000년대 중반까지 훼방꾼들은 이 '환경'에 집중해 왔다고 볼 수 있다.

환경이슈는 경제성장에 따른 풍요로움이 높아질수록 시민들의 호응도가 높아 훼방꾼들이 점차 영향력을 확대한 분야이다. 앞서 본 새만금간척사업과 인천국제공항, 천성산 터널 사건에서 그들은 환경을 이슈로 해서 자신들의 정치적 목적을 달성했고 자신들의 영향력을 높이는 데 큰 효과를 보았다.

이제 훼방꾼들은 환경뿐만이 아니라 투쟁의 동력으로 활용 가능한 또 하나의 미학을 찾아냈다. 바로 '건강 분야'이다. 광우병사태에서 훼방꾼들이 시민들을 동원하는 데 사용한 미학이 바로 소위 '건강권'이었다.

광우병사태에서 볼 수 있듯 건강 분야는 엄청난 폭발력이 있는 이슈였다. 일반시민들에게 미치는 영향력이 실로 막강하며 시민들을 동원하는 데에 탁월한 면모를 보였다.

환경만큼이나 먹는 것에 대한 안정성의 요구는 경제성장으로 생활수준이 풍요해지면서 점차 강화되는 측면이 있다. 그럴 수밖에 없는 것이 누구나 건강에 관심을 갖는 이른바 웰빙시대로 접어들었기 때문이다. 자신의 건강뿐만 아니라 가족 전체의 건강이 걸려 있는 문제라면 가만히 앉아 있을 수만은 없는 일이다. 지금은 얼마나 건강하게 오래 사느냐가 화두인 시대이다. 건강이 시민들의 최우선 관심사가 된 시대라는 뜻이다.

이런 측면에서 보면 '광우병 사태'는 건강을 염려해 온 시민들의 뜨거운 호응을 얻어내기에 적합한 분야였다. 건강은 누구나 관심을 갖는 사안으로, 건강과 관련한 나쁜 유언비어들이 건강 관련 염려들을 폭증시킨 탓에 시민들이 이를 해소하겠다며 거리로 나선 것이다.

한미FTA의 훼방꾼들이 시민들의 건강에 대한 염려라는 동력을 활용해 광우병사태로까지 규모를 키워나갈 수 있었던 것은 유언비어에 의지한 면이 크다. 다만, 건강에 대한 국민의 관심이 높다는 점을 십분 이해하고 이를 교훈으로 삼는 일 또한 필요한 일이다. 앞으로 건강에 대한 국민의 관심과 그 영향력을 실감한 훼방꾼들이 차후에도 이를 활용할 것이 분명하기 때문이다.

훼방꾼들이 건강에 대한 관심을 악용해 훼방의 동력을 얻어내는 사태가 또 다시 발생하지 않도록 주의할 필요가 있다. 훼방꾼들이 건강과의 연결고리를 활용해 유언비어를 만들어 낼 경우 이를 조기에 차단하고 진실을 알리는 노력이 필요하다. 이는 광우병사태가 우리에게 주는 교훈 가운데 하나이다.

5부

훼방꾼들을 넘어서

1장

국가의 기본틀과 산업화

어떤 나라든 나라의 기본틀을 세우고 나아갈 방향을 설정한 뒤 이에 따른 발전전략을 갖기 마련이다. 이처럼 나라의 기본틀과 방향을 근본적으로 정해 놓은 것이 바로 헌법이다. 우리나라는 자유민주주의 시장경제체제를 나라의 정체성으로 하고 있으며, 이의 올바른 정착과 심화·발전이 우리나라의 나아갈 방향이다.

자유민주주의 시장경제체제를 나라의 기본틀로 삼은 것은 이승만 전 대통령이 1948년 8월 15일 대한민국을 건국하면서부터다. 식민지에서 해방되고 전쟁까지 겪은 나라인 대한민국이 놀라운 성과를 거둔 것은 이승만이 나라의 기본틀을 제대로 세운 것에서 비롯된 것이다.

오늘날 세계는 시장경제체제로 일이관지(一以貫之)되어 있다고 해도 과언이 아니다. 사회주의를 비롯한 다른 여타의 정치체제를 지닌 국가에서도 시장경제만큼은 받아들이고 시행하고 있다. 오늘날 시장경제를 통한 자유무역을 외면하고서는 그 어떤 나라도 발전하기가 어렵기 때문이다. 그만큼 세계가 깊이 상호 연관되어 있으며 고립되어서는 생존이 불가능한 시대이다.

후쿠야마라는 역사학자는 『역사의 종언』이라는 책에서 자유민주주의 체제를 역사의 종착점으로 설파했다. 대부분의 선진국들은 모두 자유민주주의 체제를 채택하고 있고 그 체제는 점차 더 나아지는 방향으로 가고 있다는 점에서 앞으로도 모든 나라가 지향해야 할 체제임이 틀림없다.

이승만이 자유민주주의 시장경제체제를 우리나라의 기본틀로 삼았고, 박정희가 그 체제를 발전시켜 산업혁명을 이룬 것은 또 다른 업적이라고 할 수 있다. 산업화를 이루지 못한 나라들이 자유민주주의 체제를 유지하지 못하고 타락의 길을 걸었다는 것은 역사를 통해 알 수 있다. 이런 점에서 산업화를 이뤄낸 것은 곧 자유민주주의를 지킨 일이며, 자유민주주의가 우리 사회에 뿌리를 내리고 민주주의 국가로 나아갈 수 있는 바탕을 제공했다고 할 수 있다.

어느 나라나 민주주의 국가로 인정받으며 잘살고 싶어 한다. 하지만 이를 달성한 나라는 많지 않다. 후진국이 자유민주주의 시장경제 국가로 발전한다는 것은 세계사적으로 드문 일이다. 이는 우리나라에게도 그렇게 쉬운 일이 아니었으며 엄청난 노력과 시간이 필요한 일이었다. 시행착오를 거듭하기도 했으며, 혼란도 있었다. 그 과정을 견디지 못하고 탈락한 국가들과 비교한다면 대한민국이 이만큼 발전한 것은 실로 감탄할 만한 일이다.

이승만은 나라 발전 전략으로 수입대체공업화를 추진했으나 이는 다른 나라처럼 역시나 성공적이지 못했다. 박정희의 수출진흥정책이 등장한 후에야 상황은 바뀌었다. 수입대체 공업화보다 수출주도형 공업화를 통해 산업화를 이룰 수 있었다. 내수시장의 규모가 미미하거나 제대로 형성되어 있지 않은 경우에는 수출기업이 나오면서 경제성장의 선순환이 나오게 된다. 박정희 시대에 이르러서야 시장경제체제가 어느 정도 자리를 잡게 되었고 국부를 쌓을 수 있게 된 것이다.

자유민주주의의 정착은 시장경제가 발전하면서 경제수준이 높아진 후에 가능하다. 경제발전이 이루어지고 많은 사람들이 풍요와 넉넉함을 누리면서 폭넓게 형성된 중산층은 자유민주주의가 정착할 수 있는 바탕을 마련했다. 자유민주주의는 1987년 평화로운 정권교체를 이루면서 절차적 민주주의의 꽃을 피운다. 이는 건국 이후 40

여 년 만의 일이다. 이 체제는 지금까지 잘 이어지며 우리나라가 아시아 최고의 민주주의 국가로 성장하는 바탕이 되었다. 자유민주주의체제가 시장경제의 정착에 따라 확고하게 자리 잡을 수 있었다는 사실은 경제 문제가 해결되지 않은 상태에서의 민주주의는 불안정할 수밖에 없음을 드러낸다.

사람은 빵만으로 사는 게 아니라고 하지만, 이는 먹고사는 문제가 어느 정도 해결되었을 때의 이야기다. 생존을 걱정하지 않을 만큼 경제문제가 해소되지 않았다면, 그 사회의 불안정성은 그만큼 높을 수밖에 없다. 경제성장은 사회발전을 위한 선결과제임이 분명하다.

2장
자유경제를 위협하는 훼방꾼들

국가경제발전의 훼방꾼들이 나타난 것은 잘못된 이념을 선택한 문제이기도 하지만 역사적 경험에 따른 습관적 태도라는 측면도 있다. 오랜 역사 속에서 가난, 억압, 식민지 등의 경험이 가져다 준 찌들고 굶주린 아픔이 만든 패배주의적 관점이 생활 속에 습성으로 자리 잡은 면도 있다. 늘 실패하고 좌절했던 경험이 훼방꾼들의 사고를 지배하였다고 할 수 있다. 더구나 무력했던 조선 말기와 식민지 경험은 저항과 태만을 미덕으로 간주하는 노예의식을 만들었고 외세의 억압 속에서 사대주의적 기회주의가 사고를 지배하였다. 그런 비뚤어진 의식 속에서 성공의 가능성을 얘기하고 풍요와 희망의 시대를 열겠다는 비전 제시에 부정적 태도를 보인 것은 과거의 습성을 고려

한다면 관성적 반발이라는 측면으로 설명할 수 있다.

우리나라의 정체성인 자유민주주의 시장경제체제는 오랜 역사적 경험을 통해 이루어진 것은 아니다. 대한민국 건국과 함께 우리 사회에 급작스럽게 도입되었다. 그 당시 우리 국민들 대다수는 자유민주주의와 시장경제에 대해 무지했다. 이승만이라는 뛰어난 리더가 아니었다면 도입 자체가 어려운 일이었다. 경험으로 체득하지 않은 것들은 '내' 것으로 만드는 과정이 필요하다. 물론 우리 국민들은 빠르게 적응했다. 다른 나라와 비교하면 우리나라에 자유민주주의가 자리잡기까지의 시간이 그리 오래 걸린 것은 아니다.

문제는 민주주의다. 민주주의에 함몰된 반대세력은 민주주의를 올바로 이해하지 못하고 반자본주의적 민주주의라는 잘못된 길을 택했다. 시장경제의 번성이 가져온 성과를 제대로 이해하지 못하고 받아들이지 못했다. 결국 반(反)자본주의 함정에 빠지고 말았다. 결국 이들 세력은 자유민주주의 시장경제체계를 거부하는 극단적 세력으로 스스로를 가두는 우를 범한 것이다. 경제성장을 받아들이고 함께 자유민주주의를 향해 나아갈 수 있는 기회를 스스로 포기하면서 이들은 단순한 반대자에서 훼방꾼으로 전락하고 말았다. 보통 선진국에서 활동하는 정당들은 자유민주주의 시장경제 이념하에서 정권을 차지하기 위해 다투기 때문에 그렇게 극단적인 이념대립이 발생하지 않는다. 우리나라의 비판세력이 자유민주주의 시장경제에서 벗어난 극단적 정치투쟁에 함몰되어 네거티브 투쟁에 나서는 것은 안타까운 일이다.

우리 사회에서 훼방꾼들의 입지는 여전히 넓고 또 공고하다. 오랜 시간 실패를 거듭하며 그들의 주장이 번번이 좌절되었지만 그들은 경험을 통해 정치적 영향력을 축적했으며, 자신들의 선동을 미학 수준으로 만들고 감정에 호소하면서 합리화했다.

여전히 많은 분야에서 훼방꾼들은 다양한 모습으로 나타나고 있다. 실패한 인민민주주의의 회복을 꿈꾸는 자도 있고, 사회민주주의를 추구하는 자도 있다. 여전히 반정부 투쟁을 몰입하는 세력도 있다. 훼방은 아직도 끝나지 않았다.

반(反) 자본주의 세력

경제발전의 훼방꾼들은 기본적으로 자유시장경제 체제에 대한 반대자들이다. 그동안 진행되어온 사례들을 살펴보면 이 점이 명확해진다. 반대자들이 문제가 되는 것은 단지 국책사업 몇 개를 반대하고 있어서가 아니라, 바로 반(反)자본주의 나아가 반(反)대한민국 세력으로 존재하고 있기 때문이다.

사실 훼방꾼들은 대한민국 건국 이후 진행되어온 크고 작은 국가 발전 사업들에 대해 반대 입장을 취해 온 세력이다. 그 이면에는 기본적으로 자유시장경제라는 대한민국의 건국이념 자체를 받아들이지 못하고 있다는 것이 전제되어 있음을 알 수 있다. 이러한 측면에서 보면 그들은 자유민주주의 체제까지도 반대하는 자들임을 알 수 있다.

그들이 단순한 반대자들이 아닌 국가산업의 훼방꾼들이라고 불릴 수밖에 없는 이유가 바로 여기에 있다. 훼방꾼들이 국책사업을 반대할 때 기본적으로 내세우는 명분이 '정의'이다. 그들은 반대와 훼방의 명분으로 정의를 내세우며 자유시장경제 전체를 반대하고 문제 삼는 정치세력이다.

그들은 자유시장경제가 정의에 반한다는 논리적 함정에 단단히 묶여 있다. 일찍이 이와 같은 주장을 유포한 인물이 바로 마르크스이다. 그는 자본주의 체제를 자본이 지배하는 사회라고 하면서 반인간·반노동의 정의롭지 못한 체제라고 비판했다.

훼방꾼들이 자유시장경제가 정의롭지 않다는 마르크스주의 이념에 결박되어 있는 한 그들의 국책사업에 대한 반대, 경제발전에 대한 훼방은 그치지 않을 것이다. 새로운 사업이나 산업발전의 인프라 건설은 자유시장경제의 발전과 함께 진행되는 것이고, 이 사업들의 성공은 곧 자유시장경제체제의 성공과 타당성을 다시 입증해주기 때문이다. 훼방꾼들의 훼방 놀음이 앞으로도 끊이지 않고 계속되리라는 것은 상당히 우려스러운 일이 아닐 수 없다.

자유시장경제가 자리를 잡고 어느 정도 성숙단계에 진입하기 시작하면 사회의 저변에서 성장에 대한 회의감, 환경과 건강에 대한 관심이 쏠리고 문제가 제기되기 시작하는 것은 당연한 일이다. 이러한 흐름은 자유시장경제가 성숙하면서 나타나는 징표라고도 볼 수 있으며, 당연히 거쳐나가야 하는 단계인 것이다.

문제는 훼방꾼들이 이런 사회변화의 틈새를 타고 들어와 훼방에 실질적 효과를 거둘 여지가 생겨날 수 있다는 점이다. 만일 국가 발전을 위해 필요한 국책사업이 훼방꾼들의 훼방 놀음에 의하여 좌절되고 무산된다면 그 폐해는 걷잡을 수 없게 될 것이다. 우리는 어렵게 자유시장경제의 성공신화를 여기까지 써 왔는데, 훼방에 가로막혀 그 성공신화가 중단되거나 자유시장 경제체제가 약화되는 결과를 초래할 수 있을지도 모른다. 2008년 광우병사태에서 우리는 그러한 불길한 조짐을 어렴풋이 경험하기도 했다.

물론 훼방꾼들이 앞으로도 계속 국책사업을 반대하고 훼방놓으리라는 부정적인 시각과 우려만 있는 것은 아니다. 조금씩 희망도 보이고 있다. 훼방꾼들의 훼방 놀음에 지친 시민들이 피로함을 느끼며 왜곡 속에서도 진실을 보기 시작하였기 때문이다.

3장

훼방꾼들을 넘어서

훼방도 사회적 동력이 있어야 가능하다. 처음 훼방꾼들의 동력으로 사용되었던 것은 '정의'였다. 하지만 한국사회가 자유민주주의를 정착시켜 나가면서 '정의'는 더 이상 훼방꾼들의 동력으로 작동하지 않게 되었다. 일부 꺼지지 않는 음습한 지역이 있을 수는 있겠지만, 그것들 역시 조만간에 수명이 다하리라 예상된다.

'정의'라는 가면이 벗겨지고 가려져 있던 시커먼 정치적 목적이 서서히 드러나기 시작하면서 훼방꾼들은 대안을 찾기 시작했다. 그들이 새롭게 찾아낸 것이 바로 '환경'과 '건강'이다.

훼방꾼들은 환경운동을 통해 시민들 사이에서 상당한 영향력을 확보했다. 공신력을 얻는다는 것은 정부에 갈음하는 역할을 수행할 수 있다는 것을 의미한다. 정부는 국민의 신뢰를 받지 못하기 시작하고 훼방꾼들이 시민들 사이에서 신뢰와 믿음을 갖게 되면 정부의 사업추진은 훼방꾼의 눈치를 보며 가로막힐 수밖에 없다.

훼방꾼들의 '환경' 논리에는 커다란 문제점이 있다. 환경보호는 필요한 일이고 생태계 개선노력은 오늘날 심각하게 고려해야 할 일임에 틀림없지만, 훼방꾼들은 '환경'을 위해서 이런 주장들을 펼치는 것이 아니라 자신들의 정치적 목적을 달성하기 위한 수단으로만 환경 이슈를 동원하고 이용할 뿐이기 때문이다. 반시장·반자유를 위한 수단으로써 환경 이슈를 활용하는 것일 뿐, 진정으로 환경 개선을 위해서 펼치는 활동이 아니라는 말이다. 이러한 속내는 핵과 평화에 대한 문제에서 그들이 보여주는 한국과 북한에 대한 이중적 태도에서 여실히 드러난다. 결국 '정의'에서 '환경'으로 가면만 바뀌었을 뿐, 여전히 사람들을 선동하여 본질을 흐리고, 자신들의 정치적 목적을 달성하기 위해 훼방을 놓는 것이다.

2000년대 중후반으로 들어서면서 훼방꾼들은 자신들의 정치권력을 위해 또 하나의 동력을 추가한다. '건강 이슈'가 그것이다. 광우병사태에서 경험했듯이 건강 문제는 엄청난 파괴력을 지닌다. 광우병사태를 통해 '건강 이슈'의 폭발성을 경험한 훼방꾼들은 앞으로 이를 계속해서 악용하려 들 것이며, 이는 심히 우려되는 일이 아닐 수 없다.

그나마 다행인 것은 우리 사회가 훼방꾼들의 훼방 놀음에 피로감을 느끼기 시작했다는 것이다. 이는 유언비어에 대한 부정적 경험이 크게 작용한 결과다. 훼방꾼들은 '정의'에서 '환경'으로, '환경'에서 '건강'으로 그 동력원을 옮겨가면서 유언비어에 적극 의존해 왔다. 새만금간척사업이나 인천국제공항, 천성산 터널사태에서도 그랬지만, 광우병사태에서 훼방꾼들이 보여준 유언비어에 대한 의존성은 매우 심각한 수준으로, 목적 달성을 위해서는 폭력이나 범죄행위까지도 저지를 수도 있다는 위험성을 보여주기도 했다.

훼방꾼들이 처음부터 유언비어에 의존한 것은 아니다. 경부고속도로나 포항제철 건설과정에서 보여주듯이 그들의 반대 주장에는 그나마 논리적 타당성이 존재했다. 비록 건설 이후 그들의 주장은 틀린 것으로 결론이 났지만, 건설 이전의 상황에서는 그들의 주장이 어느 정도 논리를 가지고 현실에 부합하는 면이 있었다.

훼방꾼들이 '환경'이나 '건강'을 선동의 동력으로 활용하면서부터 대놓고 유언비어에 의존하게 된 것은 어쩌면 당연한 것이다. 환경보호나 시민들의 건강을 지키는 것이 자신들의 진정한 목적이 아님에도 이에 절대적으로 의존하여 선동을 펼쳐야 하니, 온갖 유언비어 생산과 유포 및 사실 왜곡을 할 수밖에 없는 것이다.

유언비어는 사람들로 하여금 심한 피로감을 느끼게 한다. 그 실체가 한 번 제대로 밝혀지고 나면 유언비어에 속은 만큼 혹은 그 이상으로 엄청난 정신적 피로감이 쌓이게 된다. 게다가 유언비어가 계속해서 반복될수록 시민들은 스트레스가 적체되어 엄청난 혼란에 빠질 수밖에 없다. 이 심한 피로감에서 빠져 나오는 유일한 방법은 애초에 유언비어에 선동되지 않도록 조심하는 것뿐이다. 어떠한 유언비어를 접하게 되더라도 그 순간 그대로 받아들이지 않고 그 실체를 파악하려고 노력해야만 한다. 정확한 사실이 무엇인지 판단할 수 있어야 한다. 하지만 일반 시민들이 유언비어의 시커먼 속내를 처음부터 꿰뚫어본다는 것은 몹시 어려운 일이다. 훼방꾼들은 바로 이 점을 노리고 있는 것이다.

훼방꾼들이 유언비어를 적극 활용하기 시작하면서 자신들의 지지세력을 구축하는 정치적 노력에 더욱 신경을 쓸 수밖에 없다. 유언비어의 사실화에 성공하지 못한다면 훼방꾼들은 시민들의 피로감을 증폭시키고 사회 혼란을 야기한 대가로 더는 우리 사회에 발을 붙일 수 없게 될 테니 말이다. 유언비어는 곧 그들의 벼랑끝 생존 전략인 셈이다.

앞으로도 훼방꾼들의 훼방 놀음은 멈추지 않을 것이며, 그들은 끊임없이 유언비어를 양산·유포하여 사회혼란을 야기할 것이 뻔하다.

어떤 식으로든 시민들은 유언비어와의 싸움에 나서야 한다. 유언비어에 맞서 사실을 밝혀내려는 시민들의 목소리와 적극적인 행동만이 훼방꾼들을 넘어 국가와 사회의 발전을 이룩할 수 있는 길을 열어줄 수 있을 것이다.

참고 자료

단행본

교과서 포럼 편, 『대안교과서 한국 근현대사』, 기파랑, 2008.
국책사업반대행위조사위원회, 『4대강-국책사업반대행위 단체 및 인명사전』, 푸른사람들, 2012.
박성현, 『개인이라 불리는 기적』, 들녘, 2011. 1.
복거일, 『보수는 무엇을 보수하는가』, 기파랑, 2011. 11.
송복, 『통합 누구와 어떻게 할 것인가』, 북오션, 2013. 6.
유석춘·좌승희 외 7인 공저, 『한국현대사 이해』, 경덕출판사, 2007. 9.
윤봉준, 『선진 3국 부강기』, 삼성경제연구소, 2008. 6.
이영훈, 『대한민국 이야기』, 기파랑, 2007. 5.
이영훈, 『대한민국 역사: 나라만들기 발자취 1945~1987』, 기파랑, 2013. 7.
이의춘, 『시장경제의 적들』, Human&Books, 2011. 11.
장철균, 『스위스에서 배운다』, 살림, 2013. 12.
정구현, 『우리는 어디로 가고 있는가』, 청림출판, 2013. 8.
정지민, 『주: 나는 사실을 존중한다』, 시담, 2009.

잡지

[2010연중기획] 경부고속도로반대 '일리있는 논리', 「위클리경향」 862호, 2010. 2. 9.

[새만금간척사업] 개발이 먼저냐? 환경이 먼저냐?, 「주간한국」, 2000, 4, 12.

[피플] 지율스님, 천성산 터널 공사 반대 '단식80일째'-목숨을 담보로 환경파괴에 맞선 작은거인, 「주간한국」, 2005. 1. 21.

"이념과 과학을 혼동한 학자들과 'PD수첩' 떠올리면 지금도 기가 막힌다."-신경병리학자 양기화의 '광우병사태' 500일 기록, 「신동아」 605호, 2010. 2.

경부고속도로개통이 늦춰졌다면, 「한겨레21」 806호, 2010. 4.

김승환, 부안방폐장과 노무현 대통령, 「열린전북」, 2003. 5월호.

세계1위 인천공항 계획 땐 근거 없는 온갖 반대에 시달려, 「월간조선」, 2012. 5월호.

육근형, 새만금간척사업을 통해 나타난 사회적 갈등의 발생과 해결방향, 「월간 해양수산」 246호, 2005. 3.

이승훈, [특집] 국책사업과 지역갈등, 「계간 시대정신」, 2011. 여름호.

포스코 '쇳물 30년' 도전과 응전의 역사, 「신동아」 527호, 2003. 8.

홍성기, 촛불시위 1년 후의 반성-열린사회에서 정보의 왜곡과 민주주의의 위기, 「계간 시대정신」, 2009. 여름호.

신문

– 경부고속도로와 천성산 터널

[경부고속도로 개통 내일 40주년] YS, DJ도 반대… 대부분 언론 비판적, 「조선일보」, 2010. 7. 6.

[국책사업은 반대의 역사] "도롱뇽 때문에" KTX 수조 원 낭비,「한국경제신문」, 2010. 7. 6.
[국책사업은 반대의 역사] 경부고속도로 계획에 "달릴 차도 없는데… 부유층 유람길", 「한국경제신문」, 2010. 7. 6.
[초대석] 사패산 터널 반대투쟁 접은 보성스님,「동아일보」, 2005. 2. 18.
"천성산 터널 개통하면 내가 할 일 많을 것",「중앙일보」, 2010. 10. 18.
김대중 "부정 완전무결히 진행, 공개토론 열어 따지라",「동아일보」, 1971. 5. 19.
천성산 공사 착공금지 가처분 소송기각,「경남도민일보」, 2006. 6. 3.

– 포항제철과 삼성전자, 그리고 부안방폐장

[국책사업은 반대의 역사] "철 만들어 어디 쓰나… 차라리 밥 해결" 박정희 · 박태준 빼고 모두 포철 반대,「한국경제신문」, 2010. 7. 6.
[김지하와 그의 시대] 〈23〉 포항제철 첫 삽 뜨고 경부고속도로 뚫리다,「동아일보」, 2013. 5. 9.
'반대박물관'의 몇 코너,「동아일보」, 2013. 12. 24.
[광고] 삼성전자 인가 부당,「동아일보」, 1969. 6. 26.
[삼성전자미공개비사] 이건희 회장 "SW 키워라"특명-F학점 괴짜 천재들 불러 모았다, 「한국경제신문」, 2010. 12. 29.
[오피니언] 다시 읽는 삼성전자설립 반대 진정서,「한국경제신문」, 2012. 10. 29.
"부안방폐장 반대한 사람들 얼굴도 못 들어" 발언 파장,「전북일보」, 2010. 2. 2.
부안방폐장사태 10년…거부한 부안-유치한 경주 지금은,「동아일보」, 2013. 4. 20.

– 환경 분야의 훼방꾼들

[국책사업은 반대의 역사] "갯벌 매립한 인천공항, 비행기 착륙 때 활주로 주저앉는다", 「한국경제신문」, 2010. 7. 6.

[국책사업은 반대의 역사] "인천공항 지반 침하 여전"… 건설 반대 입장 변함없다" 김정욱 서울대 환경대학원 교수, 「한국경제신분」, 2010. 7. 6.
[기고] 새만금 간척사업과 수질오염, 「전북일보」, 2000. 10. 27.
[새만금간척사업 논란재연] "강행" VS "반대" 국정혼란, 「동아일보」, 2003. 5. 21.
[전문가기고] '4대강' 반대론자로서 성급한 복원론 반대한다, 「조선일보」, 2013. 3. 22.
10년 조사 시민의 힘-끝나지 않은 새만금, 「한겨레」, 2014. 1. 8.
이준구 교수 "나는 왜 4대강 사업에 반대하는가", 「한겨레」, 2013. 1. 18.
인천국제공항 8년 째 세계 1위, 「중앙일보」, 2013. 3. 12.
청계천 상인들 "복원 반대", 「중앙일보」, 2002. 11. 17.

– 한미FTA와 광우병사태

'청산가리 연예인'도 사라져, 「조선일보」, 2012. 5. 14.
"미국 쇠고기 월령 제한 없이 수입 노정부 말 관계장관회의서 거론", 「중앙일보」, 2008. 7. 22.
2008 광우병사태-2011 한미FTA 논란 비교해보니, 「동아일보」, 2011. 11. 9.
미 질병센터 "광우병 아니다", 「조선일보」, 2008. 6. 17.

〈대한민국 정체성 총서〉 기획위원

자유북한방송 대표	**김성민**
한국자유연합 대표	**김성욱**
군사편찬위원회 책임연구원	**남정옥**
전 월간조선 기자	**이동욱**
변호사	**이인철**
북한인권법 통과를 위한 모임	**인지연**
대한민국 정체성 총서 기획팀장	**홍훈표**

경제발전의 훼방꾼들

펴낸날	**초판 1쇄 2015년 1월 10일**
	초판 2쇄 2015년 5월 30일
지은이	**최승노**
펴낸이	**김광숙**
펴낸곳	**백년동안**
출판등록	**2014년 3월 25일 제406-2014-000031호**
주소	**경기도 파주시 광인사길 30**
전화	**031-941-8988**
팩스	**070-8884-8988**
이메일	**on100years@gmail.com**
ISBN	979-11-86061-09-1 04300

※ 값은 뒤표지에 있습니다.
※ 잘못 만들어진 책은 구입하신 서점에서 바꾸어 드립니다.

이 도서의 국립중앙도서관 출판시도서목록(CIP)은 서지정보유통지원시스템 홈페이지 (http://seoji.nl.go.kr)와 국가자료공동목록시스템(http://www.nl.go.kr/kolisnet)에서 이용하실 수 있습니다.(CIP제어번호: CIP2014037421)

책임편집 **홍훈표**